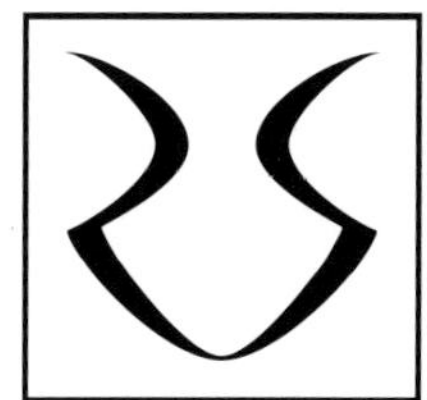

Nicol Goudarzi

Basale Aktionsgeschichten

Eine Reise um die Welt

Neue Erlebnisgeschichten für Menschen mit schwerer Behinderung

VON LOEPER FACHBUCH
UNTERSTÜTZTE KOMMUNIKATION

Bibliographische Information der Deutschen Bibliothek
Die Deutsche Bibliothek verzeichnet diese Publikation in der Deutschen Nationalbibliographie; detaillierte bibliographische Daten sind im Internet unter http://dnb.ddb.de abrufbar.

Gehen Sie uns „ins Netz"!
Besuchen Sie uns im Internet unter
www.vonLoeper.de

Gerne senden wir Ihnen kostenlos ausführliche Informationen zu unserem Verlagsprogramm zu und informieren Sie regelmäßig über wichtige Neuerscheinungen zum Thema. (Adresse siehe unten)

Wichtiger Hinweis:
Ausführliche Zusatzinformationen zu diesem Buch, Hinweise, wichtige Links und weiteres Bonus-Material finden Sie im Internet unter
www.vonLoeper.de/BasaleAktionsgeschichten

Fotos: Nicol Goudarzi

Originalausgabe

6A-5H-0924-dd

Gesamtherstellung und Vertrieb:
Ariadne Buchdienst,
Daimlerstr. 23, 76185 Karlsruhe
Tel. (0721) 464729-029
Fax (0721) 464729-099
E-Mail: Info@vonLoeper.de
Internet: www.vonLoeper.de

ISBN 978-3-86059-246-5

Inhalt

Einleitung

Im ersten Band der „Basalen Aktionsgeschichten“ (BAG) standen mit dem Motto „Erlebnisgeschichten im Jahreskreis“ vor allem jüngere (Schul-)Kinder als Zielgruppe im Fokus. In diesem zweiten Band werden nun Geschichten präsentiert, die inhaltlich auch für ältere Kinder bzw. Jugendliche interessant sind. 14 neue, erlebnisorientierte Wahrnehmungsgeschichten nehmen ihre Akteure mit auf eine Reise um die Welt: auf eine Reise, um Düfte, Klänge, Traditionen und Geschichten der einzelnen Länder nachempfinden und erleben zu können, historische Persönlichkeiten bei ihren Taten zu begleiten und durch die landestypische Sagen-, Mythen- und Legendenwelt zu reisen.

Auch mit diesen klar formulierten und strukturierten Reisegeschichten werden (fachliche) Bildungsinhalte mit wahrnehmungsorientierten Aktionsangeboten und Möglichkeiten zur Unterstützten Kommunikation kombiniert.

Bevor die Geschichten vorgestellt werden, wird in den ersten Kapiteln des Buches ein bewusst kurz gefasster Überblick über die Grundlagen der „Basalen Aktionsgeschichten“ geboten, um sich – falls das im ersten Band vorgestellte Konzept noch nicht bekannt sein sollte – einen groben Überblick über Ziel, Aufbau und Bausteine der „Basalen Aktionsgeschichten“ verschaffen zu können.

Die 14 „Basalen Aktionsgeschichten“ selbst bilden den Schwerpunkt dieses Buches und laden ein zur basalen Reise um die Welt. Neben den Wahrnehmungs- und Kommunikationsaktionen versteckt sich dabei in jeder Geschichte zusätzlich ein Beziehungsaspekt aus der Lebenswelt der (älteren) Kinder und Jugendlichen, der – wenn gewünscht – eine zusätzliche, soziale Lernebene eröffnen kann.

Geblieben ist das Prinzip, die Geschichten in bewährter „Rezeptmanier“ mit praktischen Checklisten zur Vorbereitung anzubieten. Nach wie vor ist und bleibt es dabei aber lediglich das „Basisrezept“, das in diesem Buch angegeben wird. Die Verfeinerung und Adaption soll und muss im pädagogischen, therapeutischen oder auch familiären Alltag erfolgen. Wie die Geschichten individuell „gewürzt“ werden (um bei dem Rezeptbild zu bleiben), ergibt sich dabei aus den Bedürfnissen, Vorlieben bzw. Unverträglichkeiten sowie aus der aktuellen Tagesform der teilnehmenden Akteurinnen und Akteure.

1. Rückblick – Was sind „Basale Aktionsgeschichten“?

Falls der erste Band der „Basalen Aktionsgeschichten“ schon bekannt ist, darf dieses Kapitel gerne übersprungen werden! Falls nicht, bietet die folgende, kurze Zusammenfassung der Ziele und Merkmale des Konzeptes eine knappe, aber ausreichende Basis, um die „Basalen Aktionsgeschichten“ einsetzen zu können.

Eine differenzierte Darstellung des Konzepts mit detaillierteren Erklärungen zu den einzelnen Bausteinen, den theoretischen Grundlagen und den Geräten zur Unterstützten Kommunikation bietet das Buch „Basale Aktionsgeschichten – Erlebnisgeschichten für Menschen mit schwerer Behinderung“ (Goudarzi 2015).

Die Zielsetzung

Der Alltag mit intensivpädagogischen Pflege-, Förder- und Spielsituationen ist oftmals geprägt von vielen Fragen und Unsicherheiten.

Wie geht man um mit der Differenz zwischen dem sogenannten Entwicklungsalter von Menschen mit schwerer Behinderung und dem tatsächlichen Lebensalter dieser Personen?

Welche Angebote stellt man beispielsweise einem Jugendlichen zur Verfügung, der im Bereich der Wahrnehmung auf noch sehr basaler Ebene Dinge erforscht, wobei er aufgrund seiner motorischen Einschränkung auf assistierende Hilfe angewiesen ist? Angebote wie Motorikschleifen und Raupenrasseln? Altersangemessen sind diese Gegenstände eher nicht.

Vielleicht kann sich der Jugendliche nicht verständlich äußern. Vielleicht ist nicht klar, wieviel er von dem, was gesprochen und getan wird, versteht. Vielleicht ist dieses Verständnis nur basal ausgeprägt. Vielleicht versteht der Jugendliche aber auch mehr, als man ihm zuschreibt. Was bedeutet das für ihn, bezogen auf die Aktionsangebote?

Die „Basalen Aktionsgeschichten“ verbinden auf praktische Art das sogenannte Entwicklungsalter (inklusive des entsprechenden Förderangebotes) mit den altersangemessenen Bildungsansprüchen im engeren Sinne.

Das Konzept

Mit den „Basalen Aktionsgeschichten“ wird intensivpädagogische Förderung nicht neu erfunden. Einen Bildungsinhalt mit Wahrnehmungselementen in einem Förderangebot zu kombinieren, ist erfreulicherweise in vielen Institutionen inzwischen keine Besonderheit mehr (vgl. u. a. Böing, Kriwet-Silkenbeumer 2003; Damag 2014; Fornefeld 2013; Simon 2014). Auch die Idee, eine Geschichte mit Materialien zu kombinieren und diese in einer separaten Tasche bereit zu haben, ist nicht neu (vgl. Fornefeld 2013, S. 9). Die „Basalen Aktionsgeschichten“ greifen diese einzelnen Fäden auf: Die Geschichten mit zugehöriger Materialtasche, den Bildungsinhalt und die Wahrnehmungsangebote. Verflochten werden diese Fäden durch die in den „Basalen Aktionsgeschichten“ integrierten Möglichkeiten zur Unterstützten Kommunikation bzw. durch Übungen zur Entwicklung oder Festigung des Ursache-Wirkung-Verständnisses, der Grundlage jeder Art der dialogischen Kommunikation. Eine rhythmisierte Geschichtenstruktur bietet dabei wiederholt die Möglichkeit, aktiv zu werden, sowohl im Wahrnehmungs- als auch im Kommunikationsbereich. Anhand dieser Struktur lassen sich die Geschichten bei Bedarf nach dem TEACCH-Prinzip gliedern und visualisieren bzw. zum Teil als PECs-Dialog kommunizieren.

Mit ihrem bausteinartigen Aufbau laden die „Basalen Aktionsgeschichten“ sowohl zum Nachspüren und Nacherleben als auch zum Erfinden eigener, neuer Aktionsgeschichten ein.

Viele der angebotenen Aktionen scheinen auf den ersten Blick normal und alltäglich. Aber diese, für die meisten von uns selbstverständlichen Alltagserfahrungen, sind Menschen mit schwerer Behinderung oftmals kaum oder nur sehr eingeschränkt zugänglich. Zudem bleibt in einem Leben, das häufig durch komplexe Routinen und feste Abläufe bestimmt ist, wenig Raum für das Neue, Offene (vgl. Fröhlich 2014, S. 148). Die „Basalen Aktionsgeschichten“ versuchen, solche Erfahrungsräume zu schaffen und einen Beitrag zu leisten in den aktuellen Bemühungen um ein weitergehendes und umfassenderes Bildungsverständnis, „welches Bildung an Dialog, kulturelle Teilhabe und individueller Bedeutungszuschreibung bindet“ (Bernasconi, Böing 2015, S. 111).

Die Bausteine

„Basale Aktionsgeschichten“ sind strukturierte und handlungsorientierte Geschichten. Sie verbinden Elemente der Unterstützten Kommunikation, der Wahrnehmungsförderung sowie optional Elemente aus dem TEACCH- und PECs-Bereich auf der Basis eines elementarisierten Bildungsinhaltes.

Damit ergeben sich vier Bausteine bzw. Säulen, die, ausgehend von einem elementarisierten Bildungsinhalt, das Gerüst der „Basalen Aktionsgeschichten“ bilden:

Abb. 1: Bausteine der „Basalen Aktionsgeschichten“ (Goudarzi 2015)

1. Die Wahrnehmungsförderung im Sinne der Sensorischen Integration nach Ayres (2002)
2. Der Bereich der Unterstützten Kommunikation, kurz: UK (Einsatz von elektronischen Kommunikationshilfen, Übungsmöglichkeiten von Kernvokabular nach Boenisch (2014) und Sachse (2009), Üben und Festigen von Gebärden und Gesten, symbolbasierte (auch nichtelektronische) Kommunikation)
3. Die strukturelle, handlungsorientierte Gliederung einschließlich der entsprechenden Wiederholungsmöglichkeiten
4. TEACCH und PECs als optionale Bausteine

Die „Basale Aktionsgeschichten-Tasche“

In den Geschichten werden unterschiedlichste Materialien zur Kommunikations- und Wahrnehmungsförderung eingesetzt. Der „Grundstock“ dieser Materialien ist dabei immer gleich:

- Einige Geräte zur Unterstützten Kommunikation (Step-by-Step, BIGmack, PowerLink und Jellybean-Taster oder alternative Modelle),
- Materialien zur Wahrnehmungsförderung (Ventilator oder Föhn mit Kaltluftfunktion, Kühlpack, Wärmflasche bzw. Rotlichtlampe und eine (Taschen-)Lampe oder Lichterkette)
- sowie die Aktionsgeschichten selbst.

Eingepackt in eine Tasche oder in ein größeres Tuch ist der Materialpool schnell verfügbar, gut transportierbar und überall einsetzbar. Ergänzt wird diese Grundausstattung mit einzelnen zusätzlichen Wahrnehmungsmaterialien, die von Geschichte zu Geschichte variieren.

Dieser immer gleiche „Basismaterialpool“ der „Basalen Aktionsgeschichten-Tasche“, der in jeder Geschichte zum Einsatz kommt, sowie die dazugehörigen Checklisten der einzelnen Vorbereitungsschritte sorgen dafür, dass die Umsetzung der „Basalen Aktionsgeschichten“ im Alltag auch unter zeitlich oder räumlich schwierigen Bedingungen praktikabel ist. Jede einzelne Geschichte beinhaltet darüber hinaus Hinweise für eine Umsetzung ohne elektronische Hilfsmittel. Wenn sich also die materiellen Voraussetzungen schwierig gestalten und die „Basale Aktionsgeschichten-Tasche“ (noch) nicht vollständig ausgestattet zur Verfügung gestellt werden kann, können die

Geschichten dennoch in leicht abgewandelter Form durchgeführt werden.

Der Einsatz

Die Geschichten sind bewusst so gestaltet, dass sie mit (für den intensivförderpädagogischen Bereich) verhältnismäßig geringem Aufwand ortsunabhängig durchgeführt werden können. Auch der zeitliche Umfang lässt sich variabel gestalten (vgl. Kap. 4).

Wie die Aktionsgeschichten im ersten Band (vgl. Goudarzi 2015) verstehen sich auch diese Geschichten als „Basisrezepte", die sich zwar mit übersichtlicher Zutatenliste, Durchführungshinweisen und didaktischen Rezeptvarianten präsentieren, in der praktischen Umsetzung aber individuell angepasst werden sollten und angepasst werden müssen. Konkrete Hinweise diesbezüglich finden sich in den Kapiteln 3 und 4.

Der wichtigste Punkt bei der Umsetzung der Aktionsgeschichten ist und bleibt also die Orientierung an den Bedürfnissen, Fähigkeiten und Reaktionen der Akteurinnen und Akteure mit intensivpädagogischem Förderbedarf.

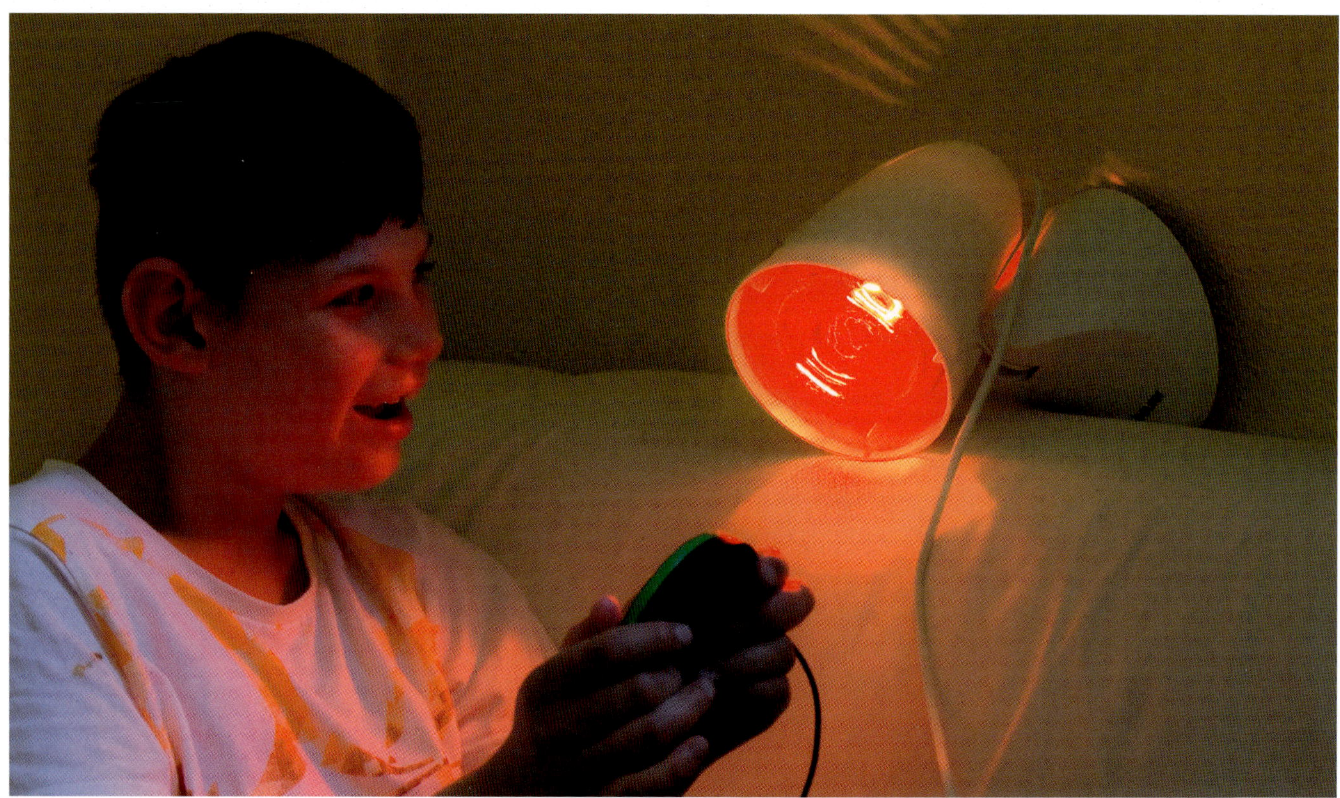

2. Die neuen Geschichten

Die „Basalen Aktionsgeschichten“ aus dem ersten Buch (Goudarzi 2015) sind in diesem zweiten Band etwas „erwachsener“ geworden. Neben den Angeboten auf basaler Wahrnehmungsebene und inhaltlich-fachlicher Bildungsebene beinhaltet jede Geschichte nun auch eine zusätzliche Beziehungsebene, mit deren Hilfe soziale Fragestellungen aus dem Alltag der Jugendlichen angesprochen und vertieft werden können.

Thematisch laden die Aktionsgeschichten zu einer Weltreise ein. Die Zusammenstellung der Geschichten bezieht sich dabei auf das Fünf-Kontinente-Modell (Europa, Afrika, Amerika, Antarktis, Asien), wobei der Schwerpunkt auf Europa und hier vor allem auf Deutschland liegt.

Ebene 1: **Basale Förderung**	Ebene 2: **Fachlicher Bereich**	Ebene 3: **Sozialer Bereich**
Basales Erleben	Deuschland (Nord): **Die Störtebeker-Sage**	Gender und Klischee
	Deutschland (Mitte): **Brauchtumspflege**	Freundschaft und sich anbahnende Liebe
	Deutschland (Süd): **Leben im Alpenraum**	Geschwisterbeziehung
	Europa (Nord): **Mythisches Island**	Cool sein – unsicher sein
	Europa (Süd): **Siziliens Natur**	Familie und Migration
	Europa (West): **Fußball**	Gemeinschaft und Rivalität
	Europa (Ost): **Transsibirische Eisenbahn**	Pubertät und Neinsagen
	Amerika (Mitte): **Entdeckung Amerikas**	Fairness, Achtung und Respekt
	Amerika (Süd): **Kakaoherstellung**	Fähigkeiten und Einschränkungen
	Asien (Japan): **Bräuche in Japan**	Mädchen und Jungs
	Afrika (Nord): **Lebensraum Wüste**	Freundschaft und Konflikt
	Afrika (Süd): **Kulinarische Traditionen**	(Multi-)Kulturelles Miteinander
	Australien: **Aborigines**	Kulturelle Wertschätzung
	Antarktis: **Wettlauf zum Pol**	Wettkampf und Konkurrenz

Abb. 2: Parallele Lernebenen

Geschichten wachsen

Mit der Einladung zur Reise um die Welt versuchen die „Basalen Aktionsgeschichten", auch ältere Kinder und Jugendliche anzusprechen. Sie erheben dabei nicht den Anspruch, alle Punkte eines länderkundlichen Schemas zu berücksichtigen, sondern wollen vielmehr zu einer sinnlichen Reise einladen, auf der einzelne landestypische Aspekte angesprochen und erfahrbar gemacht werden, teilweise in Kombination mit historischen Rahmenhandlungen (vgl. BAG „Amerika (Mitte): Die lange Reise des Christoph Kolumbus"). Eine vertiefende didaktische Aufarbeitung der Themen bleibt – bei Bedarf – Aufgabe des Differenzierungsunterrichts.

Strukturell bleiben die „Basalen Aktionsgeschichten" auch für die Zielgruppe älterer Kinder bzw. Jugendlicher ähnlich: Im Vordergrund steht eine Handlung, die sich, ohne ablenkende Nebenhandlungen, Erzählsprünge, Perspektivwechsel etc. in die simple Erzählstruktur „Einleitung – Problem – Problemlösung und Ausklang" aufgliedert.

Es gibt, verglichen mit den Aktionsgeschichten aus dem ersten Band, etwas mehr „Geschichte pro Geschichte". Sprachlich sind die kurzen Erzählungen dabei weiterhin klar und im Präsens gestaltet. Nach wie vor bieten sie die Möglichkeit zum Üben von Kernvokabularwörtern. Die hinter den Kernvokabularwörtern aufgeführte Zahl in Klammern gibt dabei die Stellung der Wörter in der Liste der einhundert am häufigsten Gesprochenen Wörter von Schülerinnen und Schülern mit geistiger Behinderung an (vgl. Boenisch 2014, S. 23).

Gewachsen sind auch die Ideen zur Sammlung und zum Einsatz der unterschiedlichen (Wahrnehmungs-) Materialien, die in den Geschichten zum Einsatz kommen (vgl. Kap. 3) und als Wahrnehmungsangebote und Aktionen zum Erleben des eigenen, selbsttätigen Handelns einladen.

Wie auch im ersten Band sind in den einzelnen Geschichten weiterhin Wiederholungsbausteine enthalten, die vor allem zur (unterstützten) Kommunikation und zur Einführung oder Festigung von Kern- und Randvokabular dienen (vgl. Sachse, Boenisch 2009).

Neu ist die bereits erwähnte zusätzliche, soziale Lernebene, die in die Geschichten integriert ist. Hier werden implizit Fragestellungen und Themen angesprochen, die in der Lebenswelt der meisten Jugendlichen – egal ob mit oder ohne Behinderung – von Bedeutung sind. Solche Themen sind beispielsweise Freundschaft, Liebe, die Beziehung zu den Eltern oder Geschwistern, die Thematisierung gesellschaftlicher Geschlechterrollen und Genderklischees (vgl. Abb. 2). Themen und Fragestellungen wie diese sind in den Geschichten gewissermaßen „versteckt". Sie drängen sich nicht in den Vordergrund und sind weder Fokus noch Basis. Aber sie sind vorhanden und bieten sich im Sinne der individuellen Differenzierung als Impuls, als Gesprächsanlass, als weiterführende Idee an, die handlungspraktisch bis kognitiv orientiert vertieft werden kann.

Zwar lassen sich die einzelnen Geschichten nach wie vor in TEACCH-gemäßen Strukturen visualisieren, jedoch gestaltet sich eine dialogische Verhandlung von Erzählschritten nach der PECs-Methode schwieriger als bei den simpler strukturierten Geschichten aus dem ersten Aktionsgeschichtenband und muss individuell aus den Geschichten heraus entwickelt werden.

Die Kluft wird größer

Vor allem in kompetenzgemischten Lerngruppen scheint das komplexe Ziel des lehrplangebundenen, gemeinsamen Lernens auf unterschiedlichen Niveaustufen am gleichen Gegenstand immer schwieriger erreichbar zu sein. Je älter die Schülerinnen und Schüler werden und je komplexer ein zu vermittelnder Bildungsinhalt ist, desto weiter klafft die Schere zwischen basalen Lernmöglichkeiten und abstrakt-kognitivem Lerninhalt auseinander. Während bei jüngeren Akteurinnen und Akteuren die wortwörtliche Wiederholung ganzer Passagen, die bei gleichem Aufbau unterschiedliche Wahrnehmungselemente bieten, durchaus angemessen und effektiv sein kann, wird man bei einem jugendlichen oder älteren Publikum einen Teil seiner Zuhörerschaft durch einen zu monotonen Geschichtenaufbau verlieren. Daher gestalten sich die Reisegeschichten etwas abwechslungsreicher, als es noch bei den Jahreszeitengeschichten im ersten Band der „Basalen Aktionsgeschichten" der Fall war.

Durch die neu hinzugekommene, soziale Lernebene bieten sich für kompetenzgemischt arbeitende Lerngruppen gleich zwei fachliche Spektren an, die potentiell in der weiteren Differenzierung behandelt werden können: der soziale und der länderkundliche Lernbereich. Möchte man sich nicht weiter mit diesen Bildungsebenen befassen, bleibt dennoch eine spannende und zum Aktivwerden herausfordernde Basale Geschichte bestehen.

Geschichten ohne elektronische Hilfsmittel

Während im ersten Aktionsgeschichtenband nur einzelne Geschichten für einen Einsatz ohne elektronische Hilfsmittel konzipiert waren, bietet jede der hier vorgestellten Reisegeschichten die Möglichkeit, auch als elektronikfreie Variante durchgeführt zu werden. Entsprechende Ideen und Hinweise sind in den Checklisten der einzelnen Geschichten angegeben.

3. Materialien

Abb. 3: Ungewöhnlich, aber intensiv: Harzer Käse als Wahrnehmungsmaterial

Kühlpack, Föhn und Wärmflasche sind einige typische Materialien, die im Rahmen der „Basalen Aktionsgeschichten" eingesetzt werden. Dabei muss es aber nicht bleiben – der Alltag hält viele weitere Wahrnehmungsmaterialien bereit!

Ran an das Gewürzregal

Egal ob aus dem Küchenschrank, dem Supermarkt oder dem Gemüsebeet: Kräuter und Gewürze sind fantastische Wahrnehmungsstimuli. Besonders intensive und vielfältige Reize bieten dabei ganze, ungemahlene (aber ggf. leicht angestoßene) Gewürze, wie beispielsweise Kardamomkapseln, Nelken, Zimt- und Vanillestangen und frisch geerntete Kräuter von Ananasminze bis Zitronenthymian.

Eingepackt in Chiffontücher oder in Netzstoff (z. B. Fliegengitterstoff aus dem Drogeriemarkt oder Tüllstoffe) bieten die Gewürze vielfältige Wahrnehmungsmöglichkeiten zum Fühlen, Knistern, Riechen und – sofern man die Füllung danach entsorgt und die Tücher vorher und nachher wäscht – zum Lecken und Schmecken.

Eine „Gewürzgrundausstattung" für die Basalen Reisegeschichten scheint auf den ersten Blick nicht gerade preiswert zu sein. Günstige Gewürze lassen sich oft auf lokalen Wochenmärkten oder in orientalischen bzw. asiatischen Supermärkten finden. Einmal gekauft hält der Gewürzvorrat über Jahre, denn solange die Gewürze nicht verkostet werden sollen und trocken gelagert werden, kann man das Mindesthaltbarkeitsdatum getrost ignorieren. Der Duft bleibt, in der Regel, über einen langen Zeitraum bestehen und kann oft durch etwas Drücken oder Reiben des Gewürzes aufgefrischt werden.

Übrigens bieten nicht nur duftende Gewürze und Kräuter eine beeindruckende Geruchskulisse. Auch von geruchsintensivem Käse wie Limburger, Harzer oder Appenzeller Käse (vgl. BAG „Europa (Mitte): Deutschland (Süd) – Der Almabtrieb in Bayern") bis hin zu Essig (vgl. BAG „Europa (Mitte): Deutschland (Nord) – Jagd auf Störtebeker"), können viele Lebensmittel für besondere Riechmomente eingesetzt werden.

Bei aller vermeintlichen Banalität dieser Materialien sind sie für Personen im Bereich der intensivpädagogischen Förderung bei weitem nicht alltäglich! Wer nur pürierte Kost isst oder wer in seinem Heim wenig abwechslungsreiche Großküchenkost bekommt, der wird vermutlich eher selten mit Kardamom oder Harzer Käse in Kontakt kommen.

Ab in die Heimtierabteilung

Nicht immer hat man einen Pferdestall oder ein Kornfeld vor der Haustür. Möchte man trotzdem Heu oder große

Abb. 4: Der Duft von Rosen, Kornblüten und Heu:
Eine Knabberrolle für Nager aus dem Drogeriemarkt

Getreideähren in einer „Basalen Aktionsgeschichte" einsetzen (vgl. BAG „Antarktis: Wettlauf zum Südpol", BAG „Europa (Mitte): Deutschland (Süd) – Der Almabtrieb") bieten die Heimtierabteilungen im Supermarkt oder Gartencenter sowie der Onlinehandel unterschiedlichste Materialien, von Bio-Weizenähren für Vögel (vgl. BAG „Afrika (Nord): Sahara – Durch die Wüste") bis zum taktil-haptisch wunderbar einsetzbaren und duftenden Weidenheuball (vgl. BAG „Europa (Mitte): Deutschland (Süd) – Der Almabtrieb in Bayern"). Bei Sand und Heu können oftmals auch Haustierbesitzer aushelfen.

Auch die Spielzeuge für Hund und Katze, die in allen möglichen haptischen Qualitäten, mit und ohne Glöckchen oder Federchen angeboten werden, können für die eine oder andere Fördereinheit interessant sein. Qualitativ erweisen sie sich oft als hochwertigere Varianten im Vergleich zu ähnlichen Billigspielzeugprodukten aus dem „Ein-Euro-Laden".

Her mit der Musik

Zugegeben: Eine „weltmusikalische Grundausstattung" ist nicht gerade die kostengünstigste Materialvariante. Aber vielleicht findet sich das eine oder andere Stück bzw. Album mit landestypischen Klängen im eigenen CD oder MP3-Fundus, in dem von Freunden oder Kollegen oder im Bestand einer Bibliothek. Manchmal reicht schon ein einziges Musikstück aus, um eine Geschichte aufzulockern. In solchen Fällen lassen sich auch einzelne Lieder als MP3 für etwa einen Euro erwerben.

Wer ein Instrument spielt, sollte es unbedingt in die passende Geschichte einbauen. Ein improvisiertes Blockflötenspiel zur Schlangenbeschwörung in einer Asiengeschichte kommt erfahrungsgemäß hervorragend an und kann für viele gemeinsame Lacher sorgen.

Auch Smartphones oder Tablet-Computer können für die musikalische Untermalung eingesetzt werden. Sie bieten u. U. zwar nicht den besten Klang, doch ist diese Option im Zweifelsfalle besser, als keine Musik zu haben. Zudem lässt sich der Klang durch den Einsatz externer Lautsprecher zusätzlich optimieren.

Sensorisches selbstgemacht – Knete und Co.

Viele der Wahrnehmungs- und Aktionsmaterialien, die im Fachhandel oftmals recht teuer sind, lassen sich mit wenigen Materialien selber herstellen.

Eine haptisch wunderbare Alternative zum normalen Sand stellt der weiche, aber formstabile kinetische Sand dar (auch „Zaubersand" oder im englischsprachigen Bereich „Moonsand" bzw. „Cloud Dough" genannt). Aus einer Mischung von Mehl und Babyöl kann dieser, im Handel eher kostspielige Spielsand, sehr einfach selber hergestellt werden. Durch die Zugabe von Tempera-Pulverfarben lässt er sich bunt einfärben.

Weniger formbar, dafür haptisch fremdartiger und ungewohnter, ist der sogenannte „Sandschaum" („Sand Foam"), bei dem Sand und Rasierschaum miteinander vermischt werden, bis eine luftig-raue Masse entsteht. Auch Knete (feste wie weiche, einfarbige wie bunte) und „Glibberschleim" lassen sich aus wenigen Materialien selber herstellen.

Reis lässt sich in ungekochtem Zustand mit Lebensmittelfarbe und Essig färben und bietet ebenfalls schöne optische und haptische Erfahrungsmöglichkeiten. Wenn gewünscht, kann er zusätzlich mit Duftöl beträufelt werden (z. B. Orangenduft für die orangenen Reiskörner, Lavendelduft für die blauen Körner etc.). Bunt gemischt wird das Ganze zum „Regenbogenreis".

Auch gekochte Nudeln in allen Formen und Größen lassen sich mit Lebensmittelfarbe nachträglich färben und können sich so in Würmer, Schlangen und bunte Schnüre verwandeln.

Abb. 5: Bunt eingefärbter Reis

Abb. 6: Sensorikkiste Eiswelt: Spielzeugtiere, Streuteile und viel Eis

Sensorikkiste und Co.

Ein Tausendsassa für fast alle Geschichten ist die „Sensory Bin", zu Deutsch Sensorikkiste oder „Aktionswanne" (vgl. Bostelmann, Fink 2013). Hierbei werden Gefäße wie Kisten oder größere, tiefe Schalen mit unterschiedlichsten Wahrnehmungsmaterialien gefüllt. Ein klassisches und bekanntes Beispiel ist die Kiste mit Sand, Muscheln und Steinchen. Aber es lohnt sich, optisch und haptisch weiter zu denken. Für ein Meeressetting kann z. B. gelbes und grünes Wackelpuddingpulver vermischt werden, um dann als blauer Wackelpudding gekocht und in einer Schale mit Meerestieren, einem Spielzeug-U-Boot etc. kaltgestellt zu werden. Ist der Wackelpudding fest, lässt sich herrlich darin herummatschen, um Fische zu fangen oder mit dem U-Boot die Tiefsee zu erkunden. In der Japangeschichte (BAG „Asien: Japan – Das Kirschblütenfest (Hanami)") könnte eine Reiskiste mit japanischen Kleinteilen zum Einsatz kommen, während sich die Antarktisexpedition (BAG „Antarktis: Wettlauf zum Südpol") wunderbar mit einer eiswürfel- und pinguinbefüllten Sensorikkiste abschließen lässt.

Ergänzt durch Sortierschälchen, leere Eiswürfelbehälter, Symbolzuordnungskarten etc., können die Sensorikkisten auch im Sinne von Aktionstabletts (vgl. Bostelmann, Fink 2015) als Übung zum Ordnen und Sortieren von Materialien genutzt werden.

„Sensory Jars" oder „Sensory Bottles" nennt man im englischsprachigen Raum Marmeladengläser oder Kunststoffflaschen, die mit eingefärbtem Wasser und bunten Wahrnehmungsmaterialen von Pompons bis Glitzerpartikeln gefüllt sind.

Die Gläser- bzw. Flaschenfüllungen können gemeinsam hergestellt und die Wahrnehmungselemente dabei untersucht und erkundet werden. Interessant wird die Füllung durch die Verwendung möglichst gegensätzlicher Materialpaare, wie beispielsweise buntem Glitzerstaub (klein, leicht, leise) und schwarzen Perlen (größer, mehr Abtrieb, klackernder Klang).

Zum Thema Winter (vgl. BAG „Antarktis: Wettlauf zum Südpol") können zum Beispiel kleine Bastelpompons in Weiß und Hellblau, Silberglitzer und etwas duftendes Badesalz erfühlt und erschnuppert werden, um dann mit farblich passenden Perlen in eine Plastikflasche mit leicht blau gefärbtem Wasser gefüllt zu werden. Der Deckel der verschlossenen Flasche kann bei Bedarf zusätzlich durch Klebeband oder Heißkleber fixiert werden.

Solche Flaschen lassen sich auch mit trockenen Materialien füllen, beispielsweise mit bunten, ungekochten Hülsenfrüchten, zwischen denen kleine Spielzeuge oder Streuteile versteckt sind, die durch das Schütteln der Flasche entdeckt werden können. Auch Perlen, Glöckchen, Steinchen und ähnliche Klangmaterialien lassen sich als Füllmaterial einsetzen. Ergänzt werden können diese eher festen Materialien durch etwas gegensätzlich Leichtes, Leises, wie etwa einige Federn oder Flocken bunter Märchenwolle.

Eingepackt in durchsichtige Tüten und Beutel (z. B. Gefrierbeutel mit Zipp-Verschluss,) werden die Materialien zur „Sensory Bag", also zum „Sensorikbeutel", den man schütteln, knautschen und kneten kann – solange niemand, absichtlich oder gezielt – den Verschluss öffnet. Um dies zu verhindern, kann der Beutelverschluss zusätzlich mit Klebeband (z. B. Duct Tape oder Panzerband) versiegelt werden. Großformatig mit reißfester Folie gebastelt, entstehen nach dem gleichen Prinzip Sensorikdecken („Sensory Blankets"), die beispielsweise mit blauem Glibberschleim, Minimuscheln und Glitter gefüllt werden.

Hand und Fuß

Es lässt sich übrigens nicht nur mit den Händen gut fühlen und tasten! Gerade für Personen, die im Rollstuhl sitzen und deren Füße und Beine folglich wenig haptische Rückmeldung bekommen, ist ein Fühlangebot für die Füße ein förderpädagogisch wichtiges Element. Hierzu können die Materialien – ob einzeln, beispielsweise als „Sandkiste" oder als komplette Sensorikkistenfüllung mit zusätzlichen Steinchen, Spielzeugwüstentieren und Co. – zum Beispiel in eine Plastikspülschüssel gefüllt werden, um dann mit den Zehen erfühlt und erwühlt werden zu können.

Aber Achtung!

Bei allen Materialien gilt:

Kleinteile (Gewürze, Spielzeuge, Streuteile etc.) bitte nur einsetzen, wenn sie nicht in den Mund genommen werden! Alternativ können sie in gewaschenen Tüllstoff, Jongliertücher oder Fliegengitterstoff gewickelt angeboten, erfühlt und gerochen werden, ohne dass sie dabei verschluckt werden können.

Selbstverständlich müssen auch Allergien und Unverträglichkeiten beachtet werden! Das bezieht sich nicht nur auf die „typischen" Allergien gegen bestimmte

Nahrungsmittel, sondern auch auf die weniger geläufigen, wie beispielsweise die Latexallergie (bei Luftballons).

Beim Arbeiten mit unverdünnter Lebensmittelfarbe bietet es sich übrigens an, Handschuhe zu tragen, da sich die Farbe nur schwer von Haut und Fingernägeln abwaschen lässt.

Abb. 7: Nicht nur für Musik: Sensorik-Handtrommel

4. Durchführung

Adaption und Individualisierung

Auch wenn dieses Buch unterschiedliche, mit Materiallisten, Lerninhalten und Differenzierungsideen versehene Geschichten bietet, bleibt eines nach wie vor wichtig: Anpassen, anpassen, anpassen!

Die „Basalen Aktionsgeschichten" können immer nur ein Grundrezept sein. Die individuelle Gestaltung, die Variation der Wahrnehmungs- und UK-Angebote und die zeitliche Planung müssen den im Mittelpunkt der „Basalen Aktionsgeschichten" stehenden Personen, den Menschen mit intensivpädagogischem Förderbedarf, angepasst und gegebenenfalls modifiziert werden. Die Möglichkeiten und Ideen hierzu sind zahlreich und der Kreativität sind keine Grenzen gesetzt.

Zeit und Raum

Die „Basalen Aktionsgeschichten" mit dem dazugehörigen Basismaterialpool passen in eine Tasche und in eine Unterrichtseinheit. Das ist besonders dann wichtig, wenn im Alltag weder die Zeit noch der Raum zur Verfügung stehen, um einen festen Bereich für Basale Förderangebote einzurichten.

Sind aber Zeit, Raum und Ressourcen gegeben, um einen Nebenraum in ein Geschichten-Setting zu verwandeln: Hervorragend! Hier lassen sich bühnenbildähnliche Szenenbilder oder Szenenecken gestalten, in denen die Angebote verfügbar sind und aufgebaut bleiben können. In Kombination mit Bildern und Musik des „bereisten" Landes kann so eine Wahrnehmungskulisse entstehen, die zur individuellen Beschäftigung oder auch Entspannung einlädt und die immer wieder erforscht und weiterentwickelt werden kann. Ein Entspannungsraum zur Störtebekergeschichte (BAG „Europa (Mitte): Deutschland (Nord) – Jagd auf Störtebeker") könnte zum Beispiel mit blauen Pannesamttüchern als Meer und weißen, als Segel gespannten Laken gestaltet sein. Während eine CD mit Meeresrauschen den passenden akustischen Hintergrund liefert, findet die Palme aus dem Flur ein zwischenzeitliches Zuhause im Szenenbild. Kisten mit Muscheln, Steinen und dazwischen versteckten Spielzeugkrebsen laden zum Greifen und Fühlen ein. Ein über PowerLink bedienter Standventilator lässt Meereswind wehen.

Auch eine zeitliche Verlängerung der Geschichten ohne zusätzlichen Platz und Raum ist möglich. Sofern ausreichend Zeit gegeben ist, bietet es sich an, sich länger mit den einzelnen Geschichtenteilen auseinanderzusetzen und die einzelnen Angebote intensiver zu erkunden. Wer zum Beispiel mit der Transsibirischen Eisenbahn über mehrere Unterrichtsblöcke lang durch Russland reisen kann (BAG „Europa (Ost): Fahrt mit der Transsibirischen Eisenbahn“), könnte sich eventuell in der einen Geschichtenstunde länger im verschneiten Wald aufhalten, sich beispielsweise intensiver mit unterschiedlichen Zweigen und Ästchen beschäftigen, Kühlpacks befühlen oder Sensorikkisten, gefüllt mit Eiswürfeln, crushed ice, Tannenzweigen und arktischen Spielzeugtieren erkunden. Aus weißen Tüchern und Watte entstehen auf dem Boden Schneelandschaften und Schneehöhlen, durch die ein schalterbetriebener Wolf schleicht. Mit Tannennadelöl beträufelte Dufttücher zaubern den Duft des Nadelwaldes herbei.

Je nach Personengruppe kann es übrigens auch sinnvoll sein, die gleiche Geschichte beispielsweise an zwei aufeinanderfolgenden Wochen anzubieten. Durch diese Wiederholung kann sich ein Wiedererkennen, der Aufbau einer Erwartungshaltung oder ein intensiveres Einlassen auf die schon bekannten Angebote ergeben.

Solche und ähnliche Ideen lassen sich bei Bedarf aus jeder Aktionsgeschichte entwickeln, um sie nach eigenen Bedürfnissen und Möglichkeiten zu adaptieren und zu gestalten.

Klang und Bild

Die Reise um die Welt liegt als wahrnehmungsorientiertes Thema quasi auf der Hand. Gerüche, Geräusche, Gewürze, Geschichten – all das variiert von Land zu Land und bietet zahlreiche Ideen und Inspirationen. Reisen ohne zu reisen: Einerseits ist das eine schöne Idee für Personen, die aufgrund ihrer Einschränkungen nicht ohne weiteres in ein Flugzeug steigen und einen spontanen Kurzurlaub einschieben können. Aber kann man sich ein japanisches Kirschblütenfest vorstellen (BAG „Asien: Japan – Das Kirschblütenfest (Hanami)“), wenn man weder weiß, wie Kirschblüten aussehen, noch ein Bild von Japan hat?

Einige ausgewählte, zum Thema passende Fotos können hier Abhilfe schaffen. Erfahrungsgemäß hilft eine im Vorfeld der Geschichte vorgeführte, kurze Fotopräsentation vielen Zuhörenden dabei, sich ein Bild des Landes bzw. der wichtigsten Geschichtenstationen zu machen, um sich dann besser auf die Geschichte einlassen zu können. Große, mit Videobeamer an die Wand projizierte Bilder sind natürlich ein echter Blickfang und laden zum „darin Versinken“ ein. Aber auch eine gemütliche „Leserunde“ mit einem Bildband aus der Bibliothek bietet einen schönen und weniger aufwändigen Einstieg.

Das gemeinsame Anschauen einer Natur- oder Länderdokumentation auf DVD kann, je nach Interesse der Teilnehmenden, ebenfalls durchaus Sinn ergeben.

Auch Musik kann helfen, sich einer bestimmten Kultur zu nähern. Am Beispiel der Japangeschichte könnte dies beispielsweise die traditionelle japanische Trommelmusik (Taiko) sein. Ein gemeinsames Trommelkonzert – vielleicht sogar auf selbstgebastelten Trommeln – ist dabei selbstverständlich auch möglich und erwünscht. Auch Naturklänge, die es für unterschiedlichste Länder und Bereiche als CD oder digitale Tracks gibt, bereichern die Geschichten. Meeresrauschen, Bachgeplätscher oder Regenwaldgeräuschkulissen können darüber hinaus immer wieder in Entspannungs- und Fördersituationen eingesetzt werden.

Länder im Kleinen in Echt erleben

Neben Bildern und Musik gibt es noch eine andere Möglichkeit, um die Geschichten aus ihrem künstlichen Rahmen herauszuheben und das aktive Erleben der Länder ein Stück zu erweitern, nämlich in Form von kleinen Ausflügen oder auch größere Exkursionen. Ein Zoobesuch passt zu (fast) allen Geschichten, der Brasilianische Regenwald lässt sich im Schokoladenmuseum oder im Tropenhaus des Botanischen Gartens erleben, die Kuhverwandtschaft aus der Geschichte zum Almabtrieb kann man auf dem nächstgelegenen Bauernhof besuchen.

Und wenn es schon nicht die Transsibirische Eisenbahn sein kann (siehe BAG „Europa (Ost): Fahrt mit der Transsibirischen Eisenbahn“), so könnte vielleicht eine Fahrt mit der örtlichen Regionalbahn auf dem Programm stehen. Auch das ist ein nur scheinbar alltägliches Ereignis, das viele Menschen mit intensivpädagogischem Förderbedarf tatsächlich selten erleben können. Und wenn sich die Bahnfahrt selbst als logistisch zu aufwändig gestaltet, gibt es vielleicht zumindest in der Nähe einen Bahnhof, dessen Atmosphäre man erleben und in dem man vielleicht bei einem gemeinsamen Milchshake die Züge bei ihrer An- und Abfahrt beobachten kann.

Ritualisierter Reisestart

Rituale geben Orientierung, Struktur und einen Rahmen. Wenn schon die Reisen in alle möglichen, unterschiedlichen Länder und Zeiten führen, so ist ein gemeinsamer, immer gleicher Rahmen zu Beginn und zum Ende der Reise oft sinnvoll.

Ein solches Ritual kann klein und kurz ablaufen, beispielsweise bei der individuellen Begrüßung bzw. Verabschiedung mit einem immer gleichen Gong oder Klangstab.

Aber auch der gemeinsame Weg zum Flughafen mit Einstieg, Hinflug bzw. Rückflug und Landung kann als Ritual am Anfang und Ende der Geschichte mit Bewegung und Klangelementen nachgespielt werden. Je nach Fähigkeiten der Gruppe kann ein solches Rahmenritual beliebig durch kurze Bewegungsangebote („Flieger-Armhaltung und Motorengetrampel", „Recken und Strecken nach der Landung"), durch optische oder akustische Signale, Pilotensprüche per BIGmack und dergleichen erweitert werden. Auch das Einbeziehen der jeweiligen Nationalhymnen als Klangelement auf dem BIGmack ist hier denkbar und lässt sich gut mit einem Bild der entsprechenden Flagge oder Landkarte oder dem Suchen der „Reiseroute" auf dem Globus kombinieren.

Assistent und Assistentin

In kompetenzgemischten Gruppen können einzelne teilnehmende Personen gerne zusätzlich die Funktion einer Assistentin beziehungsweise eines Assistenten einnehmen, indem beispielsweise das Besprechen von elektronischen Kommunikationshilfen oder das Anreichen von Wahrnehmungsangeboten für Teilnehmende mit intensivpädagogischem Förderbedarf an die entsprechenden „Helfer" delegiert wird. Je nach Gruppe lässt sich eine solche Zusammenarbeit bis hin zur Partnerarbeit bei den einzelnen Aktionen ausbauen.

5. „Basale Aktionsgeschichten" –
In 14 Erlebnisgeschichten um die Welt

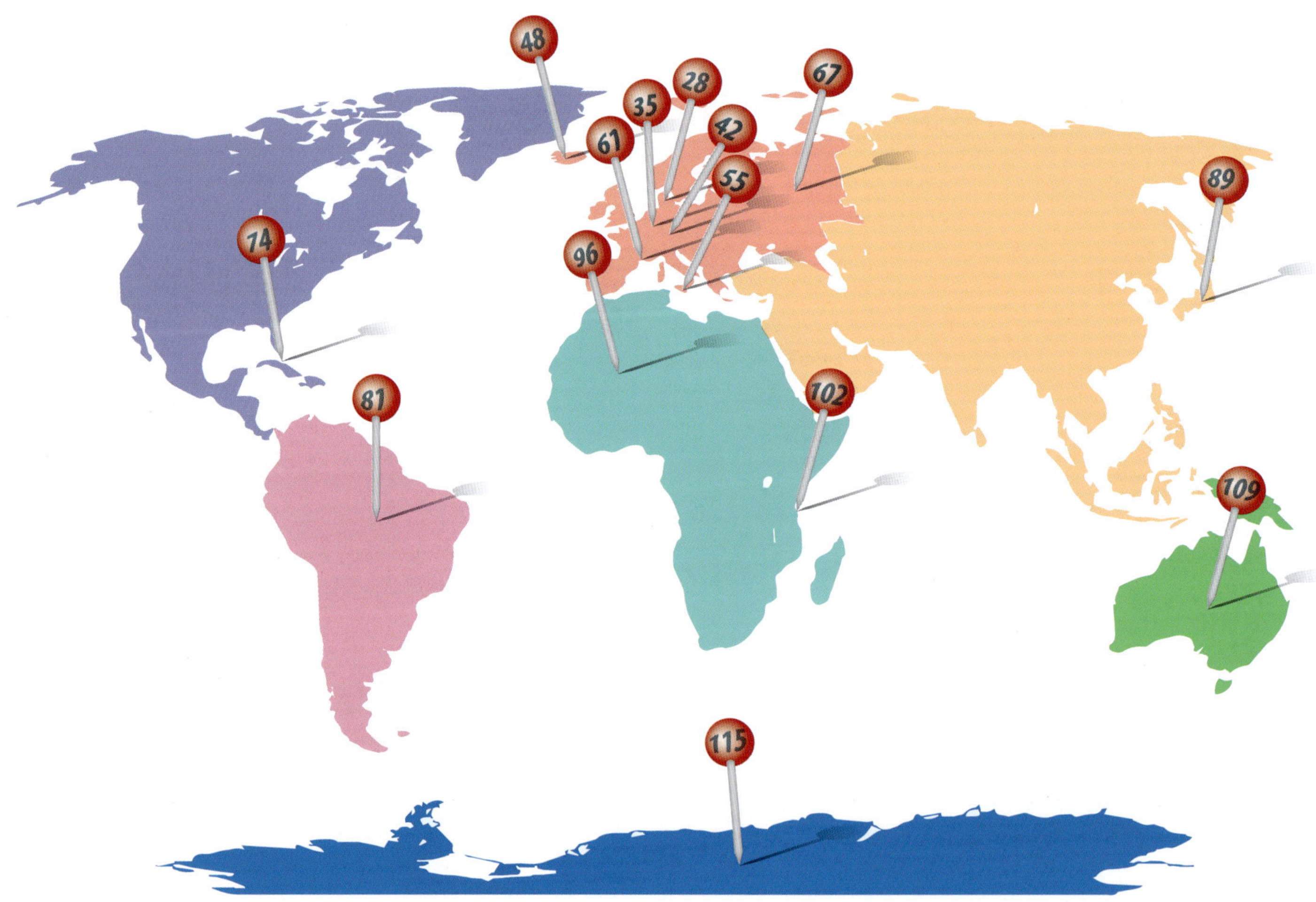

Abb. 8: „Basale Aktionsgeschichten" um die Welt mit entsprechenden Seitenzahlen

Vor jedem Urlaub heißt es: Kofferpacken. Das gilt auch für die 14 Reisen, zu denen die „Basalen Aktionsgeschichten“ in diesem Buch einladen.

Ein Blick auf die Packliste kann helfen, den Überblick über Materialien und Vorbereitungen zu behalten:

- Steht die BAG Grundausstattung bereit?
- Gibt es ein gemeinsames Ritual, um den Beginn und das Ende der Reise zu begleiten (vgl. S. 24 f.)?
- Sind alle zusätzlichen Materialien, die für die entsprechende Geschichte benötigt werden, vorhanden?
- Sind alle Allergien und Unverträglichkeiten der Teilnehmenden berücksichtigt worden?
- Wenn Kalt-/Warmkompressen, Wärmflaschen und Co. eingesetzt werden sollen: Sind die Kältekompressen gekühlt, die Wärmflaschen mit heißem Wasser gefüllt etc.?
- Sind Step-by-Step und Co. klar und verständlich besprochen worden bzw. sind die entsprechenden Gebärden bekannt?
- Falls Geräte mit PowerLink und Taster betrieben werden sollen: Sind alle Geräte angeschlossen und funktionsbereit?
- Wurden alle sonstigen unter „Vorbereitung“ aufgeführten Punkte der entsprechenden Aktionsgeschichte erledigt?
- Falls Gebärdenkarten, Symbole oder PECs-Karten eingesetzt werden sollen: Liegen die benötigten Karten bereit?
- Sofern Musik, Fotos, Bücher oder ähnliches die Geschichte unterstützen sollen: Stehen alle benötigten Medien zur Verfügung?

Ist alles gepackt, kann es losgehen. Gute Reise!

Europa (Mitte):

Deutschland (Nord) – Jagd auf Störtebeker

Didaktischer Kommentar

Nele und Fenja, zwei Freundinnen, die in der gleichen Wohngruppe irgendwo an der Ostsee leben, treffen sich am Abend zum Geschichtenerzählen. Fenja präsentiert ihrer Freundin die Geschichte des Piraten Klaus Störtebeker. Die begabteste aller Geschichtenerzählerinnen ist Fenja wohl nicht, denn zu dem Zeitpunkt, als Hermann Lange endlich Störtebeker gefangen nimmt, ist Nele bereits eingeschlafen.

Ob die Figur von Störtebeker, der gerne als „Robin Hood der Meere" dargestellt wird, eine Legendengestalt ist oder eine wirkliche Person war – darüber wird nach wie vor gestritten. Für die „Basalen Aktionsgeschichten" bietet die Geschichte aber unabhängig davon einen Rahmen, um sich wahrnehmungsorientiert mit dem Thema der (oft romantisierten) mittelalterlichen Piraterie auf Nord- und Ostsee auseinander zu setzen. In diesem Zusammenhang stellt sich auch die Frage, wer in dieser Geschichte der Gute und wer der Böse ist – Störtebeker oder sein Verfolger Hermann Lange – bzw. die Frage danach, ob sich die beiden überhaupt voneinander unterscheiden.

Auf der Beziehungsebene werden in dieser Geschichte einige klassische Rollenklischees hinterfragt: Eine Piratin siegt über Hermann Lange, während ein Piratenkollege von ihr das Schiffsdeck putzt. In der Einleitung angedeutet sind die Bezüge zu den Geschichten der Piratinnen Mary Read und Anne Bonny, die im achtzehnten Jahrhundert als Piratinnen aktiv waren und deren Grausamkeit die ihrer männlichen Piratenkollegen deutlich übertroffen haben soll.

Das Kernvokabular wird in dieser Aktionsgeschichte geübt mit dem Satz: „Störtebeker! Na warte (67), gleich (71) hab' (5) ich (1) dich (65)!"

Materialliste

- BAG Grundausstattung (BIGmack, Step-by-Step, PowerLink mit Taster)
- Sternanis
- Chiffontuch mit (Schokoladen-) „Goldtalern“
- Fischkonservendose, ggf. je ein Teller und Löffel pro Person
- Schwungtuch, alternativ große Folie oder aufgeschnittener Müllsack
- (Taschen-)Lampe
- ggf. Spiegel
- Backpapierstücke
- Eimer mit innenseitig angeklebten Papier- oder Plastiktütenstreifen
- Essig
- Ventilator
- BIGmack mit Schnarchgeräusch

Vorbereitung

- Materialien (s. o.) bereitlegen
- Ventilator an PowerLink samt Taster anschließen oder
- Step-by-Step besprechen mit: „Störtebeker! Na warte, gleich hab‘ ich dich!“
- Schnarchgeräusch auf BIGmack aufnehmen

Alternative ohne Elektronik

- Wind mit Pappe statt Föhn erzeugen
- Gebärden oder Symbole anstelle des Step-by-Step einsetzen
- Schnarchgeräusch vorspielen

Jagd auf Störtebeker

Nele und Fenja leben an der Ostsee. Sie wohnen zusammen in einer Wohngruppe in einem hübschen Backsteinhaus. Eigentlich schlafen die beiden Mädchen in getrennten Zimmern. Aber heute Abend hat sich Fenja zu Nele hinübergeschlichen. Die beiden möchten sich heimlich Piratengeschichten erzählen. Gestern hat Nele eine spannende Geschichte von zwei Piratenfrauen erzählt. Das war die Geschichte von den Piratinnen Mary Read und Anne Bonny. Heute will Fenja eine Piratengeschichte erzählen.

Fenja beginnt mit ihrer Erzählung: „Diese Geschichte spielt vor mehr als sechshundert Jahren. Es ist das Jahr 1400. Auf der Ostsee treibt ein wilder Pirat sein Unwesen. Es ist ein Mann namens Klaus. Klaus Störtebeker. Ihm gehört ein großes Schiff. Sein Schiff heißt Roter Teufel. Es ist das schnellste Schiff weit und breit. Der Pirat Störtebeker jagt die Schiffe der reichen Kaufleute aus Hamburg und den anderen Städten. Diese Schiffe haben die leckersten Sachen und kostbarsten Gewürze an Bord.

Sternanis anreichen

Ein Schiff nach dem anderen raubt Störtebeker mit seinen Leuten aus. Aber er behält sein Diebesgut nicht für sich. Er verteilt es an Menschen, die nichts zu essen haben. Die armen Menschen finden das super. Aber den Kaufleuten passt das nicht. Sie setzen eine hohe Belohnung aus: Wer Störtebeker fängt, soll einhundert Goldstücke bekommen.

Chiffontuch mit (Schokoladen-) „Goldtalern“ zum Fühlen und Greifen anreichen

Ein Mann macht sich auf die Jagd nach Störtebeker. Hermann heißt dieser Mann. Hermann findet seinen eigenen Namen ziemlich doof. Deshalb denkt er sich für sein großes Segelschiff einen extra lustigen Namen aus. Er nennt sein Schiff Bunte Kuh. Hermann macht sich also bereit, um Störtebeker zu jagen. Im Hafen wartet sein Schiff auf ihn. Das Hafenbecken ist ziemlich schmutzig. Ein paar Fischhändler verkaufen ihre „frisch gefangenen“ Fische. Aber die Fische riechen nicht wirklich frisch.

Fischkonservendose zum Riechen (und ggf. mit entsprechenden Tellern und Löffeln zum Probieren) anreichen

Hermann und seine Mannschaft steigen in ihr Schiff. Sie segeln los. Lange segeln sie über die Nordsee und die Ostsee. Sie segeln bei ruhigem Wasser. Sie segeln bei hohen Wellen.

Wellenvarianten mit Schwungtuch nachspielen, alternativ große Folie oder aufgeschnittene Müllsäcke einsetzen

Endlich ist wieder ein sonniger Tag mit ruhigem Meer. Da! Da hinten am Horizont sieht Hermann das Schiff von Störtebeker! Hinterher! Hermann freut sich:

Step-by-Step auslösen lassen

„Störtebeker! Na warte, gleich hab‘ ich dich!“

Hermann verfolgt Störtebeker. Aber Störtebeker und seine Leute merken, dass sie gejagt werden. Mit einem glänzenden Schild reflektiert Störtebekers Piratin die Sonnenstrahlen. Sie schickt das helle Licht zu Hermanns Schiff.

Mit einer (Taschen-)Lampe leuchten, ggf. mit Spiegel nachspielen (Achtung: Nicht in die Augen leuchten!)

Hermann und seine Mannschaft werden von dem hellen Licht geblendet. Vor ihren Augen tanzen helle Lichtpunkte. Sie können Störtebekers Schiff gar nicht mehr erkennen.

Als sie endlich wieder gut sehen können, ist Störtebekers Schiff verschwunden. Aber Hermann segelt weiter über die See. Unbedingt will er den Piraten fangen. Endlich sieht er wieder etwas. Ist da nicht Störtebekers Schiff, der Rote Teufel, da hinten?

Hermann brummt:

Step-by-Step auslösen lassen

„Störtebeker! Na warte, gleich hab‘ ich dich!“

Hermann nimmt einen Feuerpfeil und schießt ihn auf Störtebekers Schiff. Und noch einen Pfeil schießt er. Die Feuerpfeile fliegen durch die Luft. Einige Feuerpfeile landen auf Störtebekers Schiff. Da, wo ein Pfeil landet, entsteht ein kleines Feuer. Das Schiff ist aus Holz gebaut. Holz brennt. Das Feuer knistert und knackt.

Backpapierstücke zerknüllen lassen

Schnell! Das Feuer muss gelöscht werden, sonst wird das Schiff verbrennen! Wasser! An die Eimer, ihr Piratinnen und Piraten! Holt Wasser! Löscht das Feuer!

Eimer mit angeklebten Papier- oder Plastiktütenstreifen über den Teilnehmenden „ausschütten“

Die Piraten schütten viele Eimer voll Wasser auf das Feuer. Endlich ist das Feuer gelöscht! Aber das Schiff stinkt. Das schöne Schiff ist voll von schwarzem Ruß. Störtebeker ruft seinen Piraten Paul. Der soll das Deck schrubben. Mit Essigwasser muss er putzen. Das macht blitzblank sauber. Aber es stinkt auch ein bisschen.

Essig zum Riechen anreichen

Störtebeker ist wieder entwischt. Das gefällt dem Hermann überhaupt nicht. Wieder segelt Hermann weiter und weiter. Immerzu ist er auf der Suche nach Störtebekers Schiff. Irgendwann erreicht Hermann eine Insel. Wie ein großer Felsen liegt die Insel im Meer. Der Wind heult und pustet um den Felsen und um das Schiff herum.

Ventilator mit PowerLink per
Schalter bedienen lassen

Hermann und seine Leute wollen dort eine Pause einlegen. Aber da entdecken sie plötzlich etwas! Da! Hinter einem großen Felsenturm, der mitten im Meer steht, schwimmt… das Schiff von Störtebeker! Das gibt es ja gar nicht!

Hermann schreit:

Step-by-Step auslösen lassen

„Störtebeker! Na warte, gleich hab‘ ich dich!“

Hermann zögert nicht lange. Mit der dicken Kanone zielt er auf Störtebekers Schiff. Störtebeker will wegsegeln. Aber er ist zu langsam. Hermann feuert die Kanone ab. Und Zack! Der Mast von Störtebekers Schiff wird von der Kanonenkugel zerbrochen. Mit dem Mast fällt auch das Segel hinunter. Ohne Segel kann Störtebeker nicht segeln. Wenn er nicht wegsegeln kann, kann er nicht vor Hermann flüchten. Das weiß Hermann und freut sich.

Hermann jubelt:

Step-by-Step auslösen lassen

„Störtebeker! Na warte, gleich hab‘ ich dich!“

Und wirklich: Hermann und seine Mannschaft nehmen Störtebeker und die Piratinnen und Piraten gefangen. Er sperrt sie alle in seinem Schiff ein. Hermann segelt nach Hamburg. Dort kommen Störtebeker und seine Leute ins Gefängnis. Und seitdem sind die Nordsee und die Ostsee um einen gefährlichen Piratenkapitän ärmer. Aber seine Goldschätze, so heißt es, die hat Störtebeker versteckt. Bis heute hat niemand Störtebekers Schatz gefunden. Und der Geist von Störtebeker soll als Gespenst noch umherspuken und … Nele!“ Fenja unterbricht ihre Geschichte. „Nele, hörst du das auch?“, flüstert sie. „Da ist so ein komisches Geräusch. Vielleicht ist das Störtebekers Geist? Hörst du das?“

BIGmack mit Schnarchgeräusch auslösen lassen

Fenja findet das Geräusch ziemlich gruselig. Und Nele? Nele ist eingeschlafen. Nele schnarcht.

BIGmack mit Schnarchgeräusch auslösen lassen

Ideenkiste

In dieser Aktionsgeschichte werden bewusst eher ungewöhnliche Materialien eingesetzt, wie etwa der Geruch von Fischkonserven und Essig. Das „klassische" Meeressetting kann aber mit den aus den anderen „Basalen Aktionsgeschichten" bekannten Wahrnehmungsaktionen bei Bedarf ergänzt werden, beispielsweise durch das Anbieten von Sand und Muscheln, von in Wasser eingeweichten Sushiblättern und dem Erzeugen des Meeresrauschens durch eine Ozeantrommel bzw. eine Handtrommel mit getrockneten Linsen. Als gustatorisches Extra könnte auch ein „Schiffszwiebackbrei" aus Zwiebäcken oder eingeweichten Brötchen und Milch hergestellt und angeboten werden.

Zur inhaltlichen Vertiefung lässt sich, ausgehend von der Piratengeschichte um Störtebeker und seine Likedeeler, natürlich der offensichtliche Bogen zum Thema Piraterie spannen, der auch die realen Frauenfiguren Mary Read und Anne Bonny aufgreifen könnte und bis zur aktuellen, kriminellen Piraterie reichen kann.

Auch die Frage nach der Bedeutung der Störtebekergeschichte, die bis hin zu den jährlichen Störtebekerfestspielen auf Rügen gepflegt bzw. vermarktet wird, kann vertieft werden.

Aufstieg und Niedergang der Hanse kann ebenfalls als erweiterter Bildungsinhalt in einer entsprechend kognitiv arbeitenden Schülergruppe thematisiert werden.

Daneben kann auch der Lebensraum Wattenmeer mit seinen Inseln und Halligen und den für diesen Naturraum wichtigen Bereichen Schifffahrt, Tourismus und Fischerei differenzierter betrachtet werden.

Übrigens lässt sich das Watt mit seinen Wattwürmern auch als Schokopudding mit darin versteckten „Weingummi-Wattwürmern" nachstellen. Löffellos angeboten kann man hiermit eine Sensorikkiste der besonderen (kulinarischen wie haptischen) Art schaffen – muss dabei aber ausreichend Zeit für das Saubermachen danach einplanen.

Europa (Mitte):

Deutschland (Mitte) – Karneval in Köln

Didaktischer Kommentar

Zwei Freunde, Samira und Timo, treffen sich am Rosenmontag, um sich den Karnevalsumzug anzusehen. Nach kurzem Zögern lässt sich Timo von seiner Freundin schminken und bekommt prompt ein Kompliment für sein Kostüm von einem anderen Mädchen, was Samira grummelnd zur Kenntnis nimmt. Höhepunkt des Zuges ist das gemeinsame Kamelle sammeln, bevor es schließlich zu regnen beginnt.

In der Geschichte ist auch der Einsatz von Konfetti oder Luftschlangen vorgesehen. Das Luftschlangeneinsammeln macht am Ende weniger Arbeit, aber sich gegenseitig mit Konfetti zu bewerfen, macht deutlich mehr Spaß.

Auch wenn diese Geschichte in Köln spielt, lässt sie sich ohne großen Aufwand für andere karnevalistische Regionen adaptieren.

Auf der Beziehungsebene stehen die Freundschaftsformen zwischen Jungen und Mädchen im Vordergrund. Wie unterscheiden sich diese Freundschaften von gleichgeschlechtlichen Freundschaften? Wo verlaufen die Grenzen zwischen platonischer Freundschaft und sich anbahnendem Verliebtsein? Auch für übergreifende Genderfragen wie die Darstellung und Hinterfragung von Geschlechterrollen und die große Frage nach dem „Ich bin ich“ kann die Aktionsgeschichte als Einstieg genutzt werden.

Mit dem Lied „Pizza wundaba“ von der Band „Höhner“ werden die Kernwörter wollen (36), du (7) und eine bzw. ein (12) geübt.

Materialliste

- BAG Grundausstattung (BIGmack, Step-by-Step, PowerLink mit Taster)
- Ventilator
- CD oder Sounddatei mit Karnevalsmusik und entsprechendem Abspielgerät
- Watteschwämmchen – aus hygienischen Gründen jeweils ein einzelnes Schwämmchen pro Person
- Optional: Karnevalsschminke
- Ggf. Beutel
- Konfetti oder Luftschlangen
- Trommeln
- Schellenstäbe
- Fühlsäckchen mit (möglichst raschelnden) Bonbons, Lollis o. Ä.
- Sprühflasche

Vorbereitung

- Materialien (s. o.) bereitlegen
- BIGmack besprechen mit:
  „Kölle Alaaf!"
- Step-by-Step besprechen bzw. besingen mit:
  „Oh la la, willst du eine Pizza, oh la la, Pizza wunderbar"
- Ventilator an Power-Link samt Taster anschließen
- Ggf. Konfetti in Beutel füllen
- Kamelle in Fühlsäckchen füllen
- Sprühflasche mit Wasser befüllen

Alternative ohne Elektronik

- BIGmack und Step-by-Step durch Symbol oder Gebärde ersetzen
- Wind mit Pappe statt Ventilator erzeugen
- Anstelle der CD die Karnevalslieder selber singen

Karneval in Köln

Eigentlich hat ein Jahr vier Jahreszeiten: Frühling, Sommer, Herbst und Winter. Aber es gibt eine Stadt in Deutschland, die hat eine eigene, fünfte Jahreszeit. Diese Stadt heißt: Köln. Die fünfte Jahreszeit in Köln heißt: Karneval. Karneval ist natürlich keine echte Jahreszeit. Aber die Kölner tun gerne so, als ob. Im Herbst fängt die Karnevalszeit an. Genauer gesagt am 11. November, also am 11.11. Um genau 11 Uhr und 11 Minuten hört man die ersten Karnevalsrufe:

BIGmack auslösen lassen

„Kölle Alaaf!"

Das größte Fest feiert man am Rosenmontag. Das ist meistens im Februar. Wenige Tage später, am Aschermittwoch, ist die Karnevalszeit dann wieder vorbei.

Samiras Freund Timo ist zum ersten Mal beim Kölner Karneval dabei. Samira hat Timo extra ein kölsches Lied beigebracht – das „Pizzalied", weil Timo so gerne Pizza mag:

Step-by-Step auslösen lassen

„Oh la la, willst du eine Pizza, oh la la, Pizza wunderbar"

Samira und Timo wollen sich gemeinsam am Dom den Rosenmontagszug anschauen. Es ist ganz schön voll hier! Viele, viele Menschen sind gekommen. Sie wollen sich die Rosenmontagsparade und den Karnevalsprinzen ansehen.

Auf dem Domplatz ist es ziemlich windig.

Ventilator über PowerLink mit Taster bedienen lassen

Von überall her hört man Gelächter, Gejohle und Karnevalsmusik.

CD mit Karnevalsmusik starten

Samira hat sich als Piratin verkleidet. Toll sieht sie aus! Timo hat sich eine rote Hose und ein weißes Hemd angezogen. Rot und weiß, das sind die Farben von Köln. Das hat er von Samira gelernt.

Eine Gruppe, die sich als Piloten verkleidet hat, zieht an Samira und Timo vorbei.

Fröhlich rufen sie:

BIGmack auslösen lassen

„Kölle Alaaf!"

Eine Gruppe von Jugendlichen im Polizeikostüm geht an den beiden vorbei. Sie rufen auch den kölschen Karnevalsgruß:

BIGmack auslösen lassen

„Kölle Alaaf!"

Einer der Karnevalspolizisten bleibt stehen und guckt Timo an. „Was soll das denn für ein Kostüm sein? Feuerwehrmann mit weißem Hemd? Oder Kellner mit roter Hose?" Die anderen lachen. „Besorg dir mal ein ordentliches Kostüm! Tschüss und Alaaf!"

So ein blöder Typ.

Timo fühlt sich komisch.

Samira guckt Timo an. „Hm, dir fehlt wirklich noch etwas. Ich habe eine Idee! Soll ich dir schnell eine Clownsnase malen? Ich habe Karnevalsschminke dabei. Oder soll ich dir einen Dom auf die Wange malen?

„Bloß nicht", sagt Timo. „Schminken ist doch was für Mädchen!"

„Quatsch!", schimpft Samira, „Guck dich mal um! Es ist Karneval! Da darf sich jeder anmalen."

Timo überlegt kurz.

„Na gut", sagt er.

Mit einem kleinen Watteschwamm und etwas Karnevalsfarbe verwandelt Samira Timos Gesicht in ein rot-weißes Clownsgesicht.

Mit Watteschwämmchen über Wange streichen (wahlweise Karnevalsschminke einsetzen)

Timo gefällt das mit dem Schminken ziemlich gut. Aber das sagt er lieber nicht. Jetzt ist Timo wirklich ein schöner Clown geworden.

Einige Kühe, Kängurus und Bären drängeln sich an Samira und Timo vorbei. Laut rufen sie:

BIGmack auslösen lassen

„Kölle Alaaf!"

Ein Kängurumädchen holt Konfetti aus seinem Beutel und wirft es über Timo und Samira.

Konfetti über die Zuhörenden werfen bzw. von ihnen werfen lassen (alternativ: Luftschlangen einsetzen)

„Tschüss, du schöner Clown!", ruft das Kängurumädchen Timo zu.

Timo freut sich.

„Tschüss, Piratenbraut!", ruft das Kängurumädchen Samira zu.

„Ja, ja.", grummelt Samira, „Tschüss, du Känguru!"

Timo und Samira suchen sich einen Platz neben einer großen Tribüne.

Neben ihnen stehen einige Leute, die sich als blinkende Tannenbäume verkleidet haben. Sie haben Trommeln und Schellenstäbe dabei, mit denen sie Musik machen.

Trommeln und Schellenstäbe anreichen, ggf. gemeinsam dazu singen

Timo stimmt sein Pizzalied an und viele Leute singen mit:

Step-by-Step auslösen lassen

„Oh la la, willst du eine Pizza, oh la la, Pizza wunderbar“

Endlich kommen die ersten Wagen des Karnevalszuges! Die Menge freut sich und johlt:

BIGmack auslösen lassen

„Kölle Alaaf!“

Viele bunte Wagen ziehen vorbei, von denen es Blümchen und Kamelle regnet. Timo und Samira haben schon einen ganzen Beutel voll mit Süßigkeiten gesammelt.

Fühlsäckchen mit Kamelle etc. anreichen

Aber was ist das? Jetzt regnet es nicht nur Kamelle. Es regnet auch wirkliche Regentropfen!

Wassersprühflasche einsetzen

Den meisten Leuten macht der Regen nichts aus. Sie feiern trotzdem fröhlich weiter. Aber Samira und Timo sind schon ziemlich müde von dem ganzen Trubel. Den Prinzenwagen sehen sie sich noch an und dann machen sich die beiden auf den Heimweg.

Und zu Hause heißt es dann erstmal: Abschminken, bitte!

ggf. Massage mit Schwämmchen anbieten

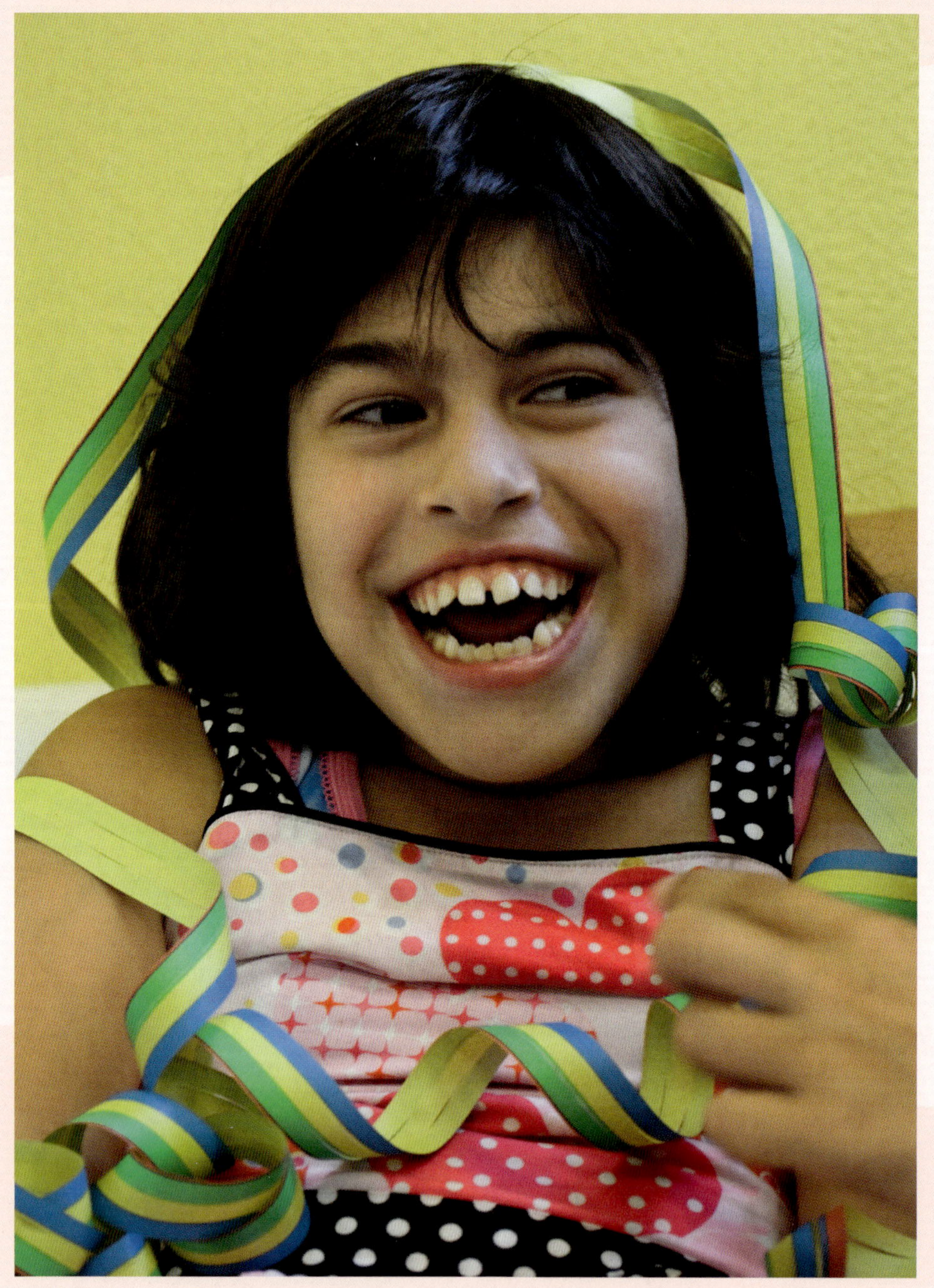

Ideenkiste

Das „Schminken" des Gesichts kann auch durch Gesichtsmassagen mit unterschiedlichen Pinseln und weichen bis mittelfesten Bürsten erweitert werden. Wird mit Karnevalsschminke gearbeitet, müssen mögliche Allergien und (Haut-)Unverträglichkeiten abgeklärt und beachtet werden. Diesem Teil der Geschichte sollte man unbedingt ausreichend Zeit einräumen! Insbesondere, wenn die Teilnehmenden sich gegenseitig „schminken", muss diese Aktion gut beobachtet und begleitet werden: Wer mag welche Art von Berührung, wer möchte etwas nicht, wie wird dies gezeigt und geäußert und wie sollte man darauf reagieren?

Kostüme, Schminke, Körperschmuck, sich als jemand anderes fühlen und kleiden ist ein komplexes Thema, das variantenreich vertieft und differenziert werden kann.

Wer die Aktionsgeschichte um einen zusätzlichen, visuellen Impuls erweitern möchte, steckt zusätzlich zu den oben angegebenen Angeboten eine LED-Blinklichterkette an den PowerLink und lässt per Schalter die Karnevalsgruppe im Tannenbaumkostüm auftreten.

Deko, Kostüme, Accessoires bieten beim Thema Karneval unzählige Bastelmöglichkeiten, die sich aufgreifen lassen. Viele davon sind sehr gut grobmotorisch und großflächig ausführbar: raschelnde Pompons, Pappmaché-Masken, Clownsköpfe aus Luftballons und selbstgebastelte und bemalte Rasseln aus Joghurtbechern mit trockenen Erbsen oder Reis sind nur einige Beispiele hierfür.

Karnevalstypische Speisen sind Berliner bzw. Pfannkuchen, Muzen, Quarkbällchen und ähnliches, deren Herstellung allerdings aufwändig und nicht kindertauglich ist (heißes Fett!). Aus erwärmtem Trauben- oder Apfelsaft wird leckerer Kinderpunsch.

Mutige setzen bei der Konfettiaktion eine selbstgebastelte oder auch gekaufte Konfettikanone ein.

Am Ende der Geschichte kann es auch einen tatsächlichen „Kamellenregen" geben – mit anschließender Verköstigung der Kamelle und Lutscher, versteht sich. Die Dynamik wird sich entsprechend verändern und der letzte Textabschnitt muss erfahrungsgemäß adaptiert werden, da nach dem Kamellensammeln nicht abschminken, sondern essen angesagt ist.

Schön ist es, wenn die Geschichte den Einstieg zu einer tatsächlichen Karnevalsfeier bietet. Aber auch als karnevalistischer Ausklang lässt sich die Geschichte sehr gut einsetzen.

Europa (Mitte):

Deutschland (Süd) – Der Almabtrieb in Bayern

Didaktischer Kommentar

Die Geschwister Kati und Max, die in einem bayrischen Bergdorf leben, dürfen beim alljährlichen Almabtrieb helfen. Die Stimmung zwischen den beiden ist angespannt. Und ausgerechnet „ihre" Kuh Gusti ist es, die schließlich bockt und wegläuft. Als Kati und Max die Kuh wieder eingefangen haben, müssen sie feststellen, dass sie sich verlaufen haben. Ein Gewitter zieht auf, vor dem sie Unterschlupf bei einer Hütte suchen, dessen Besitzer ihnen hilft und ein Stück zünftigen Harzer Käse spendiert.
Die Geschwisterbeziehung, wie sie in der Geschichte zwischen Kati und Max vorgestellt wird, pendelt zwischen unterschiedlichen Extremen. Zuneigung und Rivalität, Zusammenhalt und sich auf die Nerven gehen sind die Pole, zwischen denen sich die Gefühle von Kati und Max bewegen und die als Gesprächsanlässe zur weiteren Beschäftigung mit der Geschwisterthematik dienen können.
Kaum jemanden kennt man besser als seine Geschwister. Zu kaum jemandem hat man eine längere Beziehung. Und mit kaum jemandem teilt man einen ähnlich intensiven Erinnerungsschatz. Dennoch ist gerade die Geschwisterbeziehung auch geprägt von Konkurrenzsituationen, Streit und Abgrenzungsbemühungen, die neben Vertrauen, Freundschaft und Geschwisterliebe stehen. Das gilt für Geschwisterkinder sowohl mit als auch ohne Behinderung. Wobei es dennoch oft Besonderheiten in der Geschwisterkombination von Kindern oder Jugendlichen mit und ohne Behinderung geben kann, die hier angesprochen werden können.
Ein weiterer Gesprächsimpuls der Geschichte liegt im Bereich Mediennutzung, konkret die Nutzung von Handy bzw. Smartphone, das in der Geschichte sowohl Ablenkung ist als auch Rettung hätte sein können (wenn nicht gerade der Akku leer gewesen wäre…).

Im Wahrnehmungsbereich wird in dieser Geschichte ein vollreifer, stark riechender Harzer Käse angeboten (der bis zu seinem Einsatz in einer luftdichten Dose bleiben sollte). Für Personen mit Schluckstörung kann der Harzer Käse als Duftimpuls dienen und etwas Frisch- oder Schmierkäse als geschmackliche Anregung. Stilecht wäre für diese Geschichte ein Obatzter (natürlich nach einer alkoholfreien Rezeptvariante zubereitet).

Kernvokabularwörter, die geübt werden können, sind die Wörter jetzt (22), hören (64), doch (31) und mal (8).

Materialliste

- BAG Grundausstattung (BIGmack, Step-by-Step, PowerLink mit Taster)
- Frisches Gras bzw. Tannenduft oder Tannenzweig
- getrocknete Gräser
- Glocken
- Luftballon und Murmeln oder dünnes Blechstück oder dicke Pappe
- Reiskörner
- Becher
- Pappschachtel
- Heu oder Heuball
- stark riechender Käse (z. B. Harzer Käse), ggf. zusätzlich Frischkäse zum Verköstigen

Vorbereitung

- Materialien bereitlegen
- BIGmack besprechen mit einem herzhaften: „Mmmuuuuuh"
- Step-by-Step besprechen mit: „Jetzt höre doch mal!"
- Luftballon aufpusten, einige Murmeln hineingeben und zuknoten.
- Reis in einen Becher füllen und in Pappkarton stellen
- Heu in Korb oder Schüssel füllen
- Käse in Stücke schneiden und in luftdichter Dose bereitstellen (ggf. ergänzt durch Frischkäse)

Alternative ohne Elektronik

- Statt den BIGmack einzusetzen ein gemeinsames „Mmmuuuuuh" anstimmen
- Step-by-Step durch Symbol oder Gebärde ersetzen

Der Almabtrieb in Bayern

Die Geschwister Kati und Max leben in einem Dorf ganz unten im Süden von Deutschland. „Bayern" heißt die Gegend dort unten. Das Dorf liegt in einem Tal. Rundherum ragen viele Berge in den Himmel. Die größten Berge sind oben felsig, zackig und grau. Die kleineren Berge sind sanft geschwungen. Auf ihnen wachsen Bäume und Wiesen. Hier duftet es nach Gras und Tannen.

frisches Gras bzw. Tannenduft bzw. Tannenzweig anreichen

Den Sommer durften die Kühe der Bauern oben auf den Bergwiesen verbringen. Aber jetzt geht der Bergsommer zu Ende. Die Kühe müssen von den Bergwiesen heruntergetrieben werden. Hinunter ins Tal sollen die Kühe laufen. Dort stehen die großen, warmen Kuhställe.

Kati und Max dürfen den Bauern beim Almabtrieb mithelfen.

Die Kuh Resi soll die Herde anführen. Sie ist die Leitkuh. Ihr Kopf ist mit einer Krone aus Blumen und Gräsern geschmückt.

getrocknete Gräser anreichen

Jetzt geht es los! Die Bauern, Kati und Max ziehen mit den braunen Kühen in Richtung Tal hinunter: Der Bauer Huber zuerst, Kati und Max zum Schluss. Sie passen auf Gusti auf, eine junge Kuh. Das heißt, eigentlich passt Max auf Gusti auf. Der meint nämlich, dass er das ja viel besser könne als Kati. Also geht Kati einfach alleine vorweg. Viele der Kühe tragen große Glocken um den Hals. Das ist ein ganz schönes Gebimmel.

Glocken anreichen

Überall muht es.

BIGmack mit Kuhgeräusch auslösen lassen

Nur Kati hört die Glocken nicht. Sie hat sich Kopfhörer in die Ohren gesteckt. Sie hört laute Musik mit ihrem Handy. So kann Max sie nicht nerven – der redet nämlich sonst ständig irgendein blödes Zeug.

Plötzlich reißt ihr jemand die Kopfhörer aus den Ohren. Das war Max! Wieso reißt der denn einfach an ihren Kopfhörern? Kati ist ganz schön sauer. Max ruft:

Step-by-Step auslösen lassen

„Jetzt höre doch mal!"

Max ist ganz aufgeregt. „Mensch Kati" sagt er, „jetzt höre doch endlich! Die Gusti bockt!

Die steht da hinten und will nicht weiter!
Oh nein! Guck mal! Jetzt rennt sie weg!
Komm, Kati, wir müssen sie einfangen!"

Kati und Max laufen der Kuh hinterher. Ganz schön schnell ist die! Aber Kati und Max sind auch schnell. Sie rennen und rennen. Schließlich gelingt es ihnen, die Gusti einzufangen. Glück gehabt! „Wo ist denn jetzt der Weg ins Tal?", fragt Kati. Max blickt sich um. Leise antwortet er: „Ich weiß es nicht!"
Oh, nein! Kati und Max haben sich verlaufen!

„Donnergrollen!", murmelt Max.
„Was?", fragt Kati. Max antwortet:

Step-by-Step auslösen lassen

„Jetzt höre doch mal!"

Tatsächlich! Jetzt hört auch Kati in der Ferne ein seltsames Grollen.

Murmeln in aufgeblasenem Luftballon anreichen, alternativ dünnes Blechstück oder dicke Pappe schwingen

Oh nein, Gewittergrollen! Gewitter können in den Bergen ganz schön gefährlich sein! Schon fallen die ersten Regentropfen.

Reis in eine Pappschachtel rieseln lassen

„Da hinten ist eine Holzhütte mit einem kleinen Stall! Los!", ruft Kati. „Wir stellen uns bei der Hütte unter!"

Hütte und Stall sind abgeschlossen. Kati bekommt langsam Angst. Sie klammert sich an Max.

Max hat eine Idee. Er sagt:

Step-by-Step auslösen lassen

„Jetzt höre doch mal!"

Max lacht: „Du hast doch dein Handy.
Ruf den Bauer Huber an."

„Gute Idee!", sagt Kati und holt ihr Handy aus der Tasche. Leer. Es geht nicht mehr an. „Du hast zu lange Musik gehört mit deinem blöden Handy! Jetzt ist der Akku leer!", schimpft Max. „Na und? Das wäre alles nicht passiert, wenn du besser auf die Gusti aufgepasst hättest!", keift Kati. Gusti muht beleidigt.

BIGmack mit Kuhgeräusch auslösen lassen

„Na, was ist denn das für ein Geschimpfe!", sagt plötzlich eine tiefe Männerstimme. Erschrocken drehen sich Kati und Max um.

Das ist der Eder Rudi! Der wohnt auch unten im Dorf. Aber hier auf dem Berg gehört ihm auch eine Hütte. An der Eder-Hütte sind sie also! Rudi schließt den Stall auf. Er bringt die Kuh Gusti in den Stall. Hier duftet es nach frischem Heu.

Heuball anreichen

Gusti freut sich über das schöne Heu und beginnt sofort zu fressen.

Rudi schließt den Stall wieder zu und öffnet die Tür zur Holzhütte. „Kommt rein!“, sagt er. „Ihr wärmt euch jetzt erstmal auf. Und ihr esst etwas. Ein bisschen Käse habe ich noch hier in der Hütte. Und ich rufe den Huberbauern an. Das ist doch seine Kuh, oder?“

Max und Kati nicken. Der Eder Rudi holt ein Stück Käse aus dem Schrank.

Stück stark riechenden Käse anbieten, ggf. zusätzlich Schmier- oder Frischkäse mit einem Löffel pro Person anbieten

Der Käse stinkt ja wirklich ziemlich heftig. Aber noch nie hat ein Käse Max und Kati besser geschmeckt als dieser!

Ideenkiste

Der alpine Lebensraum bietet eine Vielzahl unterschiedlicher Themen, die sich in einer leistungsgemischt arbeitenden Gruppe an die Geschichte vom Almabtrieb anschließen können. So könnten Kennzeichen und Besonderheiten der Alpenregion erforscht und die Bedeutung und Problematik von Tourismus und Wintersport besprochen werden, ebenso wie die regionalen Wirtschaftszweige wie Milchwirtschaft, Forst- und Holzwirtschaft. Und auch für Fußballbegeisterte lässt sich sicherlich das eine oder andere Freud- oder Reizthema finden.

Auch der Bereich der Geschwisterbeziehung kann weiter vertieft und von klassischen Freundschaftsbeziehungen abgegrenzt werden. Je nach Gruppe kann auch das Thema Behinderung in der Geschwisterbeziehung angesprochen werden.

Im eher handlungsorientierten Bereich lassen sich ebenfalls viele Ideen und Anregungen zum Thema Alpenraum finden.

Aus Eierkartons entstehen mit etwas Farbe ganze Bergketten, alternativ auch in größerem Format aus Papiermaché. Hierbei können durch die Verwendung der Farben Grün, Grau und Weiß die Höhenstufen erarbeitet werden. Ein weiteres Kunstwerk entsteht aus einem Handabdruck mit brauner Fingerfarbe, der mit langen, geschwungenen Hörnern auf dem Daumen versehen wird und sich so in einen Steinbock verwandelt. Und für Sissi-Begeisterte lässt sich mit unterschiedlich großen Papprollen und passenden Papierhütchen ein würdiges Märchenschloss basteln.

Der Almabtrieb kann durch das Gestalten von großen Krepppapierblumen, die zu Sträußen und Kränzen gebunden werden, aus der Geschichte heraus erweitert werden. Aus Tontöpfen, die grobmotorisch mit Fingerfarbe bemalt und im Inneren mit Schnur und großer Perle bestückt werden können, können bunte Kuhglocken entstehen. Ein aus loser Filzwolle und Seifenlauge gefilztes Stück Stoff lässt sich zum Filzhut zusammenstecken und erhält statt des traditionellen Gamsbarts einen Strauß aus luftigen, kitzelnden Kunstfedern. Erntedankstimmung kommt auf, wenn trockene Gräser und Ähren zu Figuren und Tieren verknotet werden.

Abgerundet werden kann der Almabtrieb durch eine zünftige Brotzeit mit Brezeln, Käse, Wurst, Radieserl und Co. auf der rot- oder blauweißkarierten, heubesprenkelten Decke. Ein solches Picknick funktioniert übrigens auch mit weichem Käse (oder dem bereits erwähnten Obatzter), Leberwurst und eingeweichter Laugenbretzel, falls das Schlucken schwerfällt.

Auch für diese Geschichte lässt sich wieder eine Sensorikkiste füllen: Heu, Blüten (egal ob frisch, getrocknet oder aus Textil), Getreideähren (Tierbedarf), Spielzeugkühe, nicht stechende Tannenzweige (z. B. Nordmann- oder Nobilistanne) und Glöckchen laden zum Fühlen, Wühlen und Riechen ein.

Wie immer gilt: Bitte Allergien und Unverträglichkeiten, wie z. B. Heuschnupfen und Laktoseintoleranz, beachten!

Europa (Nord):
Beim kleinen Volk in Island

Didaktischer Kommentar

Mit einer Gruppe von Kindern und Jugendlichen verbringen die Freunde Jannis und Leon ihren Urlaub in einer Jugendherberge in Island. Ein Punkt des Ferienprogramms ist die „Führung durch die isländische Feenlandschaft“ mit der Isländerin Unnur (gesprochen: Ünnür), für die Jannis und Leon zunächst nur Hohn und Spott übrig haben. Als sie sich von der Gruppe trennen, scheint die Umgebung um sie herum zu wachsen und bald schon finden sich die beiden auf Augenhöhe in Gesellschaft des kleinen Volkes wieder, dass ihnen bei einem gemütlichen Schälchen Rhabarberkompott einen kleinen Einblick in seine Welt gibt. Es gibt wohl Dinge, lernen die beiden Jungen, die sich nicht erklären lassen, sondern die man einfach nur glauben muss.

Cool sein, mutig sein, dazugehören – für Jugendliche sind dies wichtige Aspekte bei dem gemeinsamen Miteinander. Aber wie kann man dabei mit Gefühlen wie Angst und Unsicherheit oder mit abweichenden Meinungen und Vorstellungen umgehen? Mit diesen Fragestellungen müssen sich die beiden Protagonisten der Geschichte auseinandersetzen.

Kernvokabular wird geübt mit den Sätzen „Geht (30) es (32) noch (28)? Als ob wir so (17) einen (12) Quatsch glauben würden! So (17) ein (12) Kinderkram!“ und „Mit (39) oder (57) ohne Sahne?“.

Materialliste

- BAG Grundausstattung (BIGmack, Step-by-Step, PowerLink mit Taster)
- (Katzen-)Gras
- Moos (natürliches oder Bastelmoos)
- Bimsstein
- Rhabarberstängel mit Blatt (falls verfügbar)
- Seifenblasen
- Rhabarberkompott (im gut sortierten Supermarkt erhältlich)
- Schüsseln (eine pro Person)
- Löffel (einer pro Person)
- Sand

Vorbereitung

- Materialien (s. o.) bereitlegen
- Step-by-Step besprechen mit: „Geht es noch? Als ob wir so einen Quatsch glauben würden! So ein Kinderkram!“
- BIGmack besprechen mit: „Mit oder ohne Sahne?“
- Rhabarberkompott, Schüsseln, Löffel (eine/n pro Person) vorbereiten

Alternative ohne Elektronik

- Anstelle des Föhns oder Ventilators den Wind mit einer großen Pappe erzeugen
- Step-by-Step und BIGmack durch Symbol oder Gebärde ersetzen

Beim kleinen Volk in Island

Jannis und Leon verbringen ihre Sommerferien in diesem Jahr zum ersten Mal ohne ihre Eltern. Mit einer Jugendgruppe sind sie nach Island gereist. Dort machen sie Urlaub in einer Jugendherberge. In Island gibt es eine Menge zu entdecken: Wasserfälle, Vulkane, eisige Gletscher. Es gibt auch heißes Wasser, das in hohem Bogen aus der Erde in die Luft schießt. Geysir nennen die Isländer so etwas.

Heute kommt Unnur zu Besuch. Unnur ist Isländerin und kennt sich sehr gut mit dem kleinen Volk aus, heißt es. Das kleine Volk, das sind die Feen und Gnome. Und heute steht für die Gruppe eine Wanderung an. Eine Wanderung durch die isländische Feenlandschaft mit Unnur.

Jannis und Leon sind davon nicht wirklich begeistert. „Oh, Mann – Feenlandschaft!“ flüstert Jannis genervt. „Da sehen wir dann fliegende Zwerge und rosa Einhörner oder was?“

Leon findet die Idee auch blöd.

Step-by-Step auslösen lassen

„Geht es noch? Als ob wir so einen Quatsch glauben würden! So ein Kinderkram!“

So schimpfen Jannis und Leon leise vor sich hin. Aber sie müssen trotzdem mitgehen. Gemeinsam mit den anderen Jugendlichen machen sie sich auf den Weg. Zuerst geht es durch den Garten der Jugendherberge. Hier gibt es keinen einzigen Baum, aber ziemlich viel Gras.

(Katzen-)Gras anreichen

Winzige, bunte Holzhäuschen stehen in dem Garten. Die Dächer sind teilweise mit Gras bewachsen. Diese Häuschen sehen aus wie Grashügel mit Türen. Unnur zeigt auf ein Häuschen: „Solche Häuser findet ihr bei uns, in Island, in den meisten Gärten. Wir stellen sie für die Feen und Zwerge auf. Wir sind nett zu dem kleinen Volk. Dann sind die kleinen Wesen auch nett zu uns. Wenn man sie ärgert, passiert oft etwas Schlechtes. Zum Beispiel gehen dann plötzlich irgendwelche Dinge kaputt.“

Jannis rollt genervt die Augen. Leon meckert leise:

Step-by-Step auslösen lassen

„Geht es noch? Als ob wir so einen Quatsch glauben würden! So ein Kinderkram!“

Gemeinsam mit Unnur und den anderen überqueren Jannis und Leon ein altes Lavafeld. Große und kleine schwarze Steine liegen überall herum. Die meisten von ihnen sind mit dickem, weichem Moos bewachsen.

Moos anreichen

„Ihr dürft niemals alleine durch ein Lavafeld laufen!“, erklärt Unnur. „Erstens kann man sich zwischen den Steinen verletzen. Und zweitens wohnt hier das kleine Volk. Das mag es nicht, gestört zu werden.“

„Pff, kleines Volk!“, schnaubt Jannis verächtlich. Auch Leon schimpft wieder mit:

Step-by-Step auslösen lassen

„Geht es noch? Als ob wir so einen Quatsch glauben würden! So ein Kinderkram!“ Jannis hebt einen Lavastein auf. Er fühlt sich rau und seltsam leicht an.

Bimsstein anreichen

Als niemand schaut, wirft Jannis den Stein im hohen Bogen ins Lavafeld. Leon lacht: „Na, das gibt dann jetzt wohl eine fette Elfenbeule!“

Dann trotten die beiden weiter hinter der Gruppe her. Die anderen scheinen auch nicht so wirklich an Unnurs Feengeschichten zu glauben. Aber Unnur erzählt trotzdem munter weiter: von Feen, Gnomen und kleinen Wesen.

„Komm, Leon“ sagt Jannis, „wir schleichen uns von der Gruppe weg und gehen da hinten hin! Dort, wo der dicke Rhabarber wächst! Da haben wir Ruhe vor dem ganzen Feenquatsch.“ Leise und unauffällig verschwinden Leon und Jannis in Richtung der großen Blätter der Rhabarberstauden.

ggf. Rhabarberblatt anreichen

Je näher sie dem Rhabarber kommen, desto größer wirken die Blätter. Bald schon sind die Rhabarberblätter groß wie Regenschirme. Auch das Moos, auf dem sie laufen, wächst immer höher. Die Steine um sie herum werden immer größer. Endlich sind die beiden Jungen mitten im Rhabarber angekommen. Die Rhabarberstängel sind hier so dick wie Baumstämme. Über den beiden hängt ein riesiges, grünes Rhabarberblätterdach. Das Moos, auf dem sie stehen, reicht ihnen jetzt bis zu den Knien. Die Steine auf dem Boden haben sich in große Felsen verwandelt. Irgendwie kommt das den beiden unheimlich vor. Große, funkelnde Wassertropfen sitzen auf dem Moos. Als Jannis und Leon näher kommen, fallen die Tropfen nicht herunter. Nein – sie fliegen schwerelos durch die Luft davon.

Seifenblasen anreichen

Jannis und Leon staunen. Angst haben die beiden auch. Das ist doch wirklich seltsam hier. Aber keiner gibt vor dem anderen zu, dass er sich fürchtet. Man will ja cool sein!

Plötzlich hören sie eine Stimme:

BIGmack auslösen lassen

„Mit oder ohne Sahne?“

Leon und Jannis gucken sich erschrocken an. „Wie bitte?“

Wieder fragt eine Stimme:

BIGmack auslösen lassen

„Mit oder ohne Sahne?"

Leon und Jannis blinzeln. Hinter einem der Steine steht ein Männchen. Es hat Flügel und spitze Ohren. Etwas kleiner als Jannis ist es. Ungeduldig fragt das Flügelmännchen: „Möchtet ihr euren Rhabarberkompott mit oder ohne Sahne?"

„Ähm… ohne Sahne?", antwortet Leon unsicher. „Alles klar! Hier, bitte schön! Setzt euch, die beiden Steine da sind noch frei!" Die beiden Jungen setzen sich. Erst jetzt sehen sie, dass überall Flügelwesen sind. Sie sitzen auf den Steinen und löffeln Rhabarberkompott. „Jetzt esst doch mal!", sagt das Männchen. Brav probieren Leon und Jannis das Rhabarberkompott.

Rhabarberkompott anreichen

„Hier leben wir!", erklärt das Flügelmännchen. „Hier und überall auf der Insel. Wir lebten schon hier, bevor die Menschen kamen, um ihre Häuser auf Island zu bauen. Wir sind nette Wesen. Manchmal laden wir zum Rhabarberkompott ein. Schmeckt er euch?" Jannis und Leon nicken. „Wir sind wirklich nette Wesen. Aber wenn man einfach so Steine wirft, dann finden wir das nicht gut. Die Steine können uns treffen und fürchterlich wehtun. Ihr könnt das nicht sehen. Aber für uns ist das schlimm! Beinahe hättet ihr uns mit dem blöden Stein vorhin verletzt!" „Tut mir leid!", entschuldigt sich Jannis „Das mache ich nicht mehr!" „Gut!", sagt das Wesen. „Hier ist unsere Welt! Wir haben euch klein gezaubert, damit ihr sie sehen könnt. Sonst glaubt ihr das ja doch nicht. Obwohl unsere Freundin Unnur euch das so schön erklärt! Ich gebe euch jetzt etwas Zaubersand. Damit werdet ihr wieder groß. Isländischer Sand ist eigentlich schwarz. Aber unser Zaubersand ist weiß. Ihr werdet dann wieder bei eurer Gruppe sein. Aber in Zukunft respektiert ihr bitte das kleine Volk! Und ihr schmeißt keine Steine mehr! Es gibt einfach Dinge, die kann man nicht verstehen. Die muss man einfach glauben. Verstanden?" „Verstanden!", antworten Jannis und Leon gleichzeitig. „Prima. Dann tschüss und schönen Urlaub!", sagt das Feenwesen. Dann streut es etwas Sand auf Leons und Jannis' Hand.

Sand anreichen

Der Rhabarber wird kleiner und kleiner. Das Moos wird flacher. Die Felsbrocken werden zu kleinen Steinen. Die kleinen Feenwesen sind verschwunden.

„Boah", hören sie Tim aus ihrer Gruppe meckern. Tim schimpft weiter:

Step-by-Step auslösen lassen

„Geht es noch? Als ob wir so einen Quatsch glauben würden! So ein Kinderkram!"

„Ach, weißt du", sagt Leon, „wer weiß, ob das kleine Volk nicht doch hier lebt. Es gibt einfach Dinge, die kann man nicht verstehen. Die muss man einfach glauben."

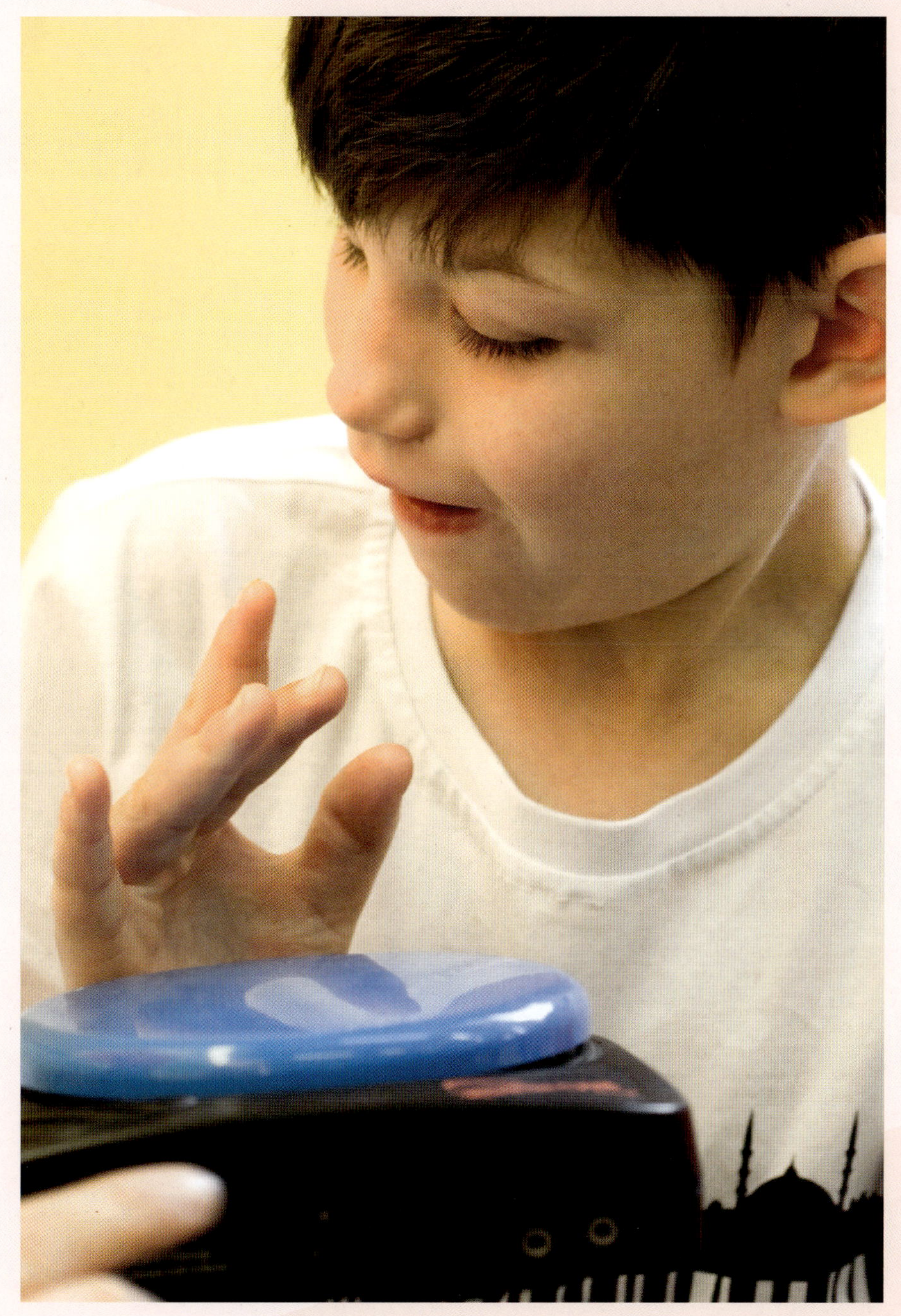

Ideenkiste

Falls ausreichend Zeit zur Verfügung steht, können in der Einleitung der Geschichte zusätzliche Wahrnehmungselemente ergänzt werden (Vulkane – Rotlichtlampe, eisige Gletscher – Kühlpack, Geysir – Wasserpistole mit lauwarmem Wasser).

Im Kreativbereich können zu dieser Geschichte beispielsweise aus leeren Getränkekartons kleine Häuschen mit Dächern aus Kresse gebastelt werden. Auch das Einfärben von Sand ist eine haptisch wie optisch schöne Aktion, die durch den Einsatz unterschiedlicher Sandkörnungen (z. B. feiner Kleintiersand und grober Bausand) und die Beigabe zusätzlicher Duftöle variiert werden kann. Interessant ist auch das Nachgestalten der „Blauen Lagune" (ein geothermisches Freibad mit milchig-blauem Wasser zwischen schwarzem Sand und grünem Moos), beispielsweise in Form einer Sensorik- oder Themenkiste.

Das in der Geschichte erwähnte Rhabarberkompott lässt sich natürlich hervorragend und mit geringem Aufwand selbst herstellen. Genutzt werden kann das Kompott auch für die isländische Waffelvariante – Waffeln mit Rhabarberkompott und Sahne. Getrocknet können Rhabarberstängel als Perkussionsinstrumente genutzt oder zu xylofonähnlichen Instrumenten verarbeitet werden.

Wie auch in der „Basalen Aktionsgeschichte" „Opas Sizilien" bietet sich diese Islandgeschichte an, um die Ideen zum Thema Vulkane aufzugreifen (vgl. BAG „Europa (Süd): Italien – Opas Sizilien").

„Zwischen Aber- und Volksglaube: Islands kleines Volk" könnte bei Bedarf als kognitivorientiertes Unterrichtsthema weitergeführt werden, denn tatsächlich nehmen die Isländer ihr „Kleines Volk" durchaus ernst und vergeben beispielsweise bei städtebaulichen Maßnahmen vorweg Gutachten an Elfenexperten, die aktuelle Bebauungspläne und alte Feenwohnstätten aufeinander abstimmen.

Europa (Süd):
Italien – Opas Sizilien

Didaktischer Kommentar

Sofia ist ein Mädchen, dessen Familie ursprünglich aus Italien kommt. Sofia selbst ist in Deutschland aufgewachsen und hat keine Erinnerungen an die Zeit in Italien. In den Ferien besucht sie nun zum ersten Mal ihren Großvater in Sizilien. Dort wundert sie sich über die Orangen, die wie Äpfel an Bäumen wachsen und über den feuerspuckenden Berg, den Ätna. Beim gemeinsamen Essen der italienischen Speisen – ganz so, wie auch ihre Mutter sie zubereitet – kommt das Mädchen schließlich dem Land und auch seinem Großvater näher.

Wie es sich für ein kulinarisch stolzes Land wie Italien gehört, bietet diese Geschichte reichliche Möglichkeiten zur Verkostung. Orangen und Honigricotta stehen auf dem Speiseplan, der, wenn gewünscht, um die ebenfalls im Text erwähnten Oliven und den Traubensaft erweitert werden kann. Das Ricotta-Dessert wird traditionell mit Mandeln verfeinert. Für den Einsatz in dieser „Basalen Aktionsgeschichte“ wurde das Rezept als leicht zu schluckendes und kinderfreundliches Dessert adaptiert.

Auf den ersten Blick im Text eher unspektakulär, in der praktischen Umsetzung aber erfahrungsgemäß sehr spannend und lustig, ist das gemeinsame Nachspielen der italienischen Begrüßung. Der gewohnte Distanzbereich wird hier bewusst unterschritten, bis man sich, Wange an Wange, begegnet. Wichtiger Teil dieser Übung ist auch das Zeigen oder Aussprechen eines „Nein“, wenn man diese Form der Begrüßung nicht oder nicht mit jeder Person ausführen möchte. Auch das Beachten dieses „Neins“ ist wesentlicher Bestandteil der Aktion.

Für die Figur der Sofia stellt sich im Laufe des Textes implizit die Frage nach Heimat und Zugehörigkeit. Auch dies sind Themen, die in heterogen zusammengestellten Gruppen differenzierter ausgearbeitet werden können.

Als Kernvokabular werden die Wörter was (10) ist bzw. sein (2) das (3), denn (49) und da (15) trainiert.

Material

- BAG Grundausstattung (BIGmack, Step-by-Step, PowerLink mit Taster)
- Föhn
- Orangen
- Bimsstein (z. B. aus dem Drogeriemarkt)
- Schälchen und
- Löffel
- Ricotta
- Honig

Vorbereitung

- Materialien (s. o.) bereitlegen
- Step-by-Step besprechen mit:
  „Opa? Was ist das denn da?"
- BIGmack besprechen mit:
  „Warte!"
- Föhn an PowerLink samt Taster anschließen
- Orange(n) durch- bzw. kleinschneiden (ein Orangenschnitz pro Person)
- Im Schälchen Ricotta mit Honig vermischen (wahlweise ein Schälchen und pro Person ein Löffel oder jeweils ein Schälchen und Löffel für jede Person)

Alternative ohne Elektronik

- Step-by-Step und BIGmack durch Symbol oder Gebärde ersetzen
- Wind mit Pappe statt Föhn erzeugen

Opas Sizilien

In diesem Jahr besucht Sofia zum ersten Mal ihren Opa. Sofias Opa wohnt in Italien. Früher, als sie ein Baby war, hatte Sofia auch mit ihren Eltern in Italien gelebt. Und mit Opa. Aber daran kann sich Sofia nicht mehr erinnern. Groß geworden ist sie in Deutschland.

Mit dem Flugzeug fliegt Sofia nach Italien. Ihr Opa wohnt auf einer großen Insel, die Sizilien heißt. Als Sofia aus dem kühlen Flugzeug aussteigt, weht ihr ein heißer Wind um die Nase.

Föhn per PowerLink mit Taster betätigen lassen

Opa wartet schon auf Sofia. Zur Begrüßung geben sich Opa und Sofia ein Küsschen rechts, ein Küsschen links auf die Wange. Wange an Wange, das Küsschen selbst gibt man eigentlich der Luft. So macht man das hier.

szenisch nachspielen

Ganz wohl fühlt Sofia sich bei dem Küsschen nicht. Denn eigentlich kennt sie ihren Opa ja gar nicht mehr.

Mit einem klapprigen Bus fahren sie in ein kleines Dorf. Hier wohnt Opa. Es sieht ganz anders aus als die Dörfer in Deutschland. Wenn Sofias Mama von Italien spricht, dann nennt sie Italien ihr „zu Hause". Sofia findet das seltsam. Ihr zu Hause ist doch in Deutschland!

Um zu Opas Haus zu kommen, müssen Sofia und Opa erst einmal durch den großen Garten gehen. In Opas Garten wachsen viele Obstbäume. Das sind bestimmt Apfelbäume, denkt Sofia. Die kennt sie von zu Hause. Aber irgendwie sehen die Äpfel hier seltsam aus. Sie sind nicht grün. Sie sind nicht rot. Sie sind irgendwie orange.

Sofia fragt:

Step-by-Step auslösen lassen

„Opa? Was ist das denn da?"

Sofia zeigt auf die Bäume. Opa lächelt und antwortet:

BIGmack auslösen lassen

„Warte!"

Opa holt ein Taschenmesser aus seiner Hosentasche und geht zu einem der Bäume. Als er wiederkommt, hat er eine aufgeschnittene Frucht in der Hand.

Sofia schnuppert.

an aufgeschnittener Orange riechen lassen, ggf. kosten lassen

Das ist eine Orange! Riecht lecker!

Aber es ist doch ein komisches Land, in dem nicht Äpfel, sondern Orangen an Bäumen wachsen, findet Sofia.

Hinter den Feldern sieht Sofia einen riesigen Berg. Bis in die Wolken reicht er. Der Berg sieht auch ganz anders aus, als die Berge in Deutschland.

Sofia fragt:

Step-by-Step auslösen lassen

„Opa? Was ist das denn da?"

Opa blickt auf den Berg und schmunzelt. Er sagt:

BIGmack auslösen lassen

„Warte!"

Opa hebt einen löchrigen Stein vom Boden auf und gibt Sofia den Stein in die Hand.

Bimsstein anreichen

„Das ist ein Lavastein. Der Berg, den du da hinten siehst, ist ein Vulkan. Der Vulkan hat einen Namen: Er heißt Ätna. Manchmal spuckt der Vulkan Feuer. Sein Feuer ist so heiß, dass sogar Steine schmelzen. Wie ein rot glühender Fluss fließt dann der flüssige Stein den Berg hinunter. Lava, nennt man diesen Feuerfluss. Dieser Stein hier ist auch aus Lava entstanden."

„Wahnsinn!", findet Sofia.

Aber es ist doch ein komisches Land, in dem die Berge Feuer spucken, denkt Sofia.

„Und jetzt lass uns reingehen!", sagt Opa. „In der Küche habe ich schon etwas zu Essen für uns vorbereitet."

Die beiden gehen ins Haus. Auf dem Küchentisch stehen verschiedene Schälchen mit Essen und ein Krug mit Traubensaft. In einem Schälchen ist ein Salat aus Orangen. In einem anderen sind Oliven angerichtet. In einem dritten Schälchen ist etwas Weißes.

Sofia fragt:

Step-by-Step auslösen lassen

„Opa? Was ist das denn da?"

Sofia zeigt auf das Schälchen. Opa schmatzt und antwortet:

BIGmack auslösen lassen

„Warte!"

Opa holt einen Löffel. „Das ist Honigricotta. Probier mal!"

Löffel (jeweils ein Löffel pro Person) mit Honigricotta anreichen

„Den kenne ich“, ruft Sofia, „den kocht Mama auch immer!“

Opa lacht. „Ja“, sagt er, „das hat sie von mir gelernt!“

„In Italien ist vielleicht doch nicht alles komisch“, denkt Sofia. „Das Essen, das ist auf jeden Fall super. Und mit leckerem Honigricotta fühlt man sich in Deutschland und auch in Italien gut.“

Ideenkiste

Ein Land wie Italien mit seiner Vielfalt an kulinarischen Köstlichkeiten bietet sich natürlich für weitere Geschmacksspiele zur Förderung der gustatorischen Wahrnehmung an. Ein Klassiker ist das Essen mit verbundenen Augen (z. B. mit Augenbinde oder schwarz beklebter Schwimmbrille), bei dem die Nahrungsmittel erraten werden sollen – was oft überraschend schwierig ist. Viele Möglichkeiten bietet auch die Aktion „Saftladen", bei der unterschiedliche Obst- bzw. Gemüsesorten zu Smoothies und Säften gemixt und gemischt werden. Auch mit Farben lässt sich hier spielen: Blaubeere, rote Beete und Sellerie sorgen für blauen oder lilafarbenen, roten und grünen Saft, Karotte und Ananas für gelb und orange, Erdbeeren mit Milch oder Vanilleeis werden zum rosafarbenen Milchshake.

Letzterer könnte auch in der „Eisdiele" zum Einsatz kommen: verschiedene Säfte, in Eisformen eingefroren, werden zu leckeren Safteisvarianten. Alternativ funktioniert dies auch mit Eiswürfelförmchen, deren Safteiswürfel in einem Glas Mineralwasser aufgelöst und getrunken werden können.

Etwas aufwändiger, aber lecker, sind Milcheisvarianten, die auch ohne Eismaschine hergestellt werden können. La dolce vita!

Ausgehend von diesen Geschmacksspielen könnte in einer heterogenen Gruppe die Lokalisation der Geschmacksfelder auf der Zunge und die Anordnung der Geschmacksknospen weiterführendes Thema sein.

Auch das Thema „Vulkane" bietet schöne, handlungsorientierte Möglichkeiten, mit denen das Thema vertieft werden kann. Ein Vulkan, aus Knete, Modelliermasse oder kinetischem Sand geformt und ggf. bemalt, wird (ggf. in einem zusätzlichen Gefäß) mit Backpulver, einigen Tropfen Spülmittel und roter Lebensmittelfarbe befüllt, um dann durch die Zugabe von Essig zum effektvollen Ausbruch gebracht zu werden.

Der Bimsstein, der aufgrund seiner geringen Dichte schwimmt, eignet sich sehr gut für Experimente zum Thema Auftrieb und Wasserverdrängung.

Wer das Glück hat, in der Nähe der Eifel zu leben oder einen Ausflug dorthin machen zu können, findet in dem Vulkanpark Eifel unterschiedliche Attraktionen – einschließlich des (leider nicht barrierefreien) „Museum der Bimsindustrie".

Europa (West):
Deutschland gegen Frankreich

Didaktischer Kommentar

Das Mädchen Jana besucht mit seinem Vater Freunde in Südfrankreich, die auf einem Hof zwischen Lavendel und Pinienbäumen leben. Während dieses gemeinsamen Sommerurlaubs findet ein Freundschaftsspiel zwischen der deutschen und der französischen Fußballnationalmannschaft statt, das Jana und ihr französischer Freund Pierre besuchen. Mit franko-deutscher-Fanbemalung beobachten sie das spannende Fußballspiel und stimmen in die französischen Fangesänge ein. Als schließlich das letzte Tor zu Ungunsten der Gastgeber fällt, kippt die fröhliche Stimmung, so dass Jana, die „irgendwie zu beiden Teams" gehalten hat, es kaum wagt, ihre Freude zu zeigen. Ein gemeinsames Eis ist nötig, um dem Tag doch noch einen guten Ausklang zu ermöglichen.

Beziehungen zwischen Fans unterschiedlicher Fußballteams, gemeinsame Rituale und gegenseitige Konkurrenz werden als Beziehungsthemen in der Geschichte angedeutet, und können bei Bedarf weiter ausgebaut werden.

Kernvokabularwörter finden sich in dem Satz „Ach (66), ist (2) das (3) schön hier (18). Ich (1) mag (73) Frankreich!"

Material

- BAG Grundausstattung (BIGmack, Step-by-Step, PowerLink mit Taster)
- Föhn
- Luftballons
- Sprühflasche
- Lavendel (wahlweise als Topfpflanze, getrocknet, als Seife, als Tee oder alles zusammen)
- Pinienzapfen (im gut sortierten Supermarkt erhältlich)
- ggf. Pinienkerne
- Pinsel
- ggf. Schminkfarbe
- Tröte oder Papierrolle/Papiertröte
- pro Person ein Eis oder ein Stück Eiskonfekt

Vorbereitung

- Materialien (s. o.) bereitlegen
- Föhn an Power-Link samt Taster anschließen
- ggf. Lavendeltee kochen, abkühlen lassen und in Becher füllen
- Sprühflasche mit Wasser befüllen
- Luftballons mit Wasser befüllen
- Step-by-Step besprechen mit: „Ach, ist das schön hier. Ich mag Frankreich!"
- BIGmack schwungvoll besingen mit: „Allez les bleus, allez les bleus!"

Alternative ohne Elektronik

- Step-by-Step durch Symbol oder Gebärde ersetzen
- Anstelle des BIGmack-Einsatzes den Fangesang selber vorsingen
- Wind mit Pappe statt Föhn erzeugen

Deutschland gegen Frankreich

In den Sommerferien fahren Jana und ihr Vater oft nach Frankreich. Dort wohnen Vaters Freunde Louis und Yazmina mit ihrem Sohn Pierre. Sie wohnen auf einem alten Hof. Pierre ist ungefähr so alt wie Jana. Jana und Pierre verstehen sich prima. Pierres Familie wohnt im Süden Frankreichs. Im Sommer ist es hier oft sehr heiß und sehr trocken. Selbst der Wind fühlt sich warm an.

Föhn per PowerLink mit Taster betätigen lassen

Zum Glück ist das Meer nicht weit. Jana und Pierre können sich oft im Wasser abkühlen. Und wenn kein Ausflug zum Strand auf dem Programm steht, dann machen die beiden eine Wasserschlacht auf dem Hof.

Wasserballons anreichen, mit Wasser
aus der Sprühflasche ansprühen etc.

Jana mag die Gegend in Südfrankreich sehr gerne. Das sagt sie auch oft:

Step-by-Step auslösen lassen

„Ach, ist das schön hier. Ich mag Frankreich!"

Besonders den Lavendel mag Jana. Der Lavendel wächst überall in den Gärten. Sogar die Felder und die Äcker sind voller lilafarbener Lavendelbüsche. Der Lavendel sieht total hübsch aus, findet Jana. Und sie liebt den Duft des Lavendels. Auch im Haus gibt es überall Lavendel: als Blumenstrauß in der Vase, getrocknet als Duftsäckchen im Wäscheschrank, als Seife im Bad und sogar als Tee zum Trinken.

Lavendel anreichen

In Südfrankreich wachsen nicht so viele Bäume wie bei Jana zu Hause. Aber es gibt hier riesige Pinienbäume mit großen Pinienzapfen. Oft fallen diese Zapfen vom hohen Baum herunter auf den Boden. Jana freut sich immer, wenn sie so einen dicken Pinienzapfen findet. Mit dem kann man super basteln. Und er fühlt sich schön an.

Pinienzapfen anreichen

Jana schwärmt:

Step-by-Step auslösen lassen

„Ach, ist das schön hier. Ich mag Frankreich!"

In dem Pinienzapfen sind kleine Kerne versteckt. Die kann man essen. Es sind Pinienkerne. Jana hat sie auch schon mal gegessen. Sie mag sie sehr gerne. Auf frischem Salat gibt es die Pinienkerne ab und zu.

ggf. Pinienkerne anbieten

In der Nähe von dem Hof von Pierre und seiner Familie liegt eine größere Stadt. In der Stadt gibt es auch ein großes Fußballstadion. In diesem Stadion spielt heute die Deutsche Fußballmannschaft gegen die Französische Nationalmannschaft. Es ist ein Freundschaftsspiel. Jana und Pierre dürfen es sich im Stadion ansehen! Janas Vater hat gesagt, bei einem richtigen Meisterschaftsspiel sollten sie als Deutsche lieber nicht ins Stadion gehen. Das kann Jana nicht so wirklich verstehen. Fußball ist doch ein Sport! Und Sport ist doch für alle da! Aber eigentlich ist das Jana auch egal. Hauptsache, sie darf heute mit Pierre ins Stadion gehen! Pierre hat sogar ein Fußballtrikot, das er jetzt anzieht. Blau ist es und hat einen kleinen Hahn auf der Brust. Über dem Hahn ist ein einzelnes Sternchen. „Komm, wir malen uns unsere Flaggen auf den Arm!", schlägt Pierre vor. Er nimmt Pinsel und Farben und malt die französische Flagge auf seinen und auf Janas Arm. Blauer Streifen, weißer Streifen, roter Streifen, fertig. Auf den anderen Arm von Pierre malt Jana die deutsche Flagge. Auf ihren Arm malt Jana sie auch. Schwarzer Streifen, roter Streifen, goldener Streifen, fertig.

Mit Pinsel über Arme streichen

Janas Vater fährt die beiden zum Stadion. Schon aus der Ferne hören Jana und Pierre lautes Tröten aus dem Stadion.

(ggf. gemeinsam) tröten

Schnell auf die Plätze gesetzt – das Spiel geht los! Die Franzosen spielen im blauen Trikot. Die Deutschen spielen im weißen Trikot. Überall wedeln Fans mit den französischen Flaggen. Pierre hält zu Frankreich. Jana hält irgendwie zu beiden Teams. Um sie herum feuern die Franzosen ihr Team an. Pierre und Jana stimmen mit in die Fangesänge ein:

BIGmack auslösen lassen

„Allez le bleus, allez les bleus!"

„Allez les bleus – Lauft, ihr Blauen!", heißt das, erklärt Pierre. Das Spiel ist spannend und die Stimmung ist super. Jana freut sich:

Step-by-Step auslösen lassen

„Ach, ist das schön hier. Ich mag Frankreich!"

Die Franzosen schießen ein Tor und alle freuen sich. Die Deutschen schießen ein Tor und alle meckern. So geht das eine ganze Weile weiter. Immer wieder hört man den französischen Fangesang:

BIGmack auslösen lassen

„Allez le bleus, allez les bleus!"

Kurz vor dem Ende schießt ein deutscher Fußballspieler das entscheidende Tor. Deutschland gewinnt. Jana freut sich ein bisschen. Aber sie traut sich gar nicht, dass zu zeigen. Um sie herum sieht sie nur traurige oder wütende Gesichter. Viele schimpfen laut über das letzte Tor. Ein kleiner Junge weint sogar. „Das ist doch komisch", denkt Jana, „es ist doch nur ein Freundschaftsspiel. Und bei einem Spiel gewinnt mal der eine, mal der andere. Das ist

doch nicht schlimm!". Die gute Stimmung ist jedenfalls futsch. Die französischen Flaggen werden nicht mehr gewedelt. Und „Allez les bleus" singt auch niemand mehr.

Auch Pierre ist enttäuscht. „Ach komm", sagt Jana, „beim nächsten Spiel gewinnt ihr! Und jetzt lass uns ein Eis essen gehen! Tschüss Fußball! Hallo Eis!"

Eis(-konfekt) verteilen

Ideenkiste

Nach dem Spiel ist vor dem Spiel: Fußball als Sport, Fußball als Theater, in Film, Buch und Musik – es ist ein beliebtes Thema, zu dem es unzählige Medien und Materialien gibt. Auch die Fußballvariante des Rollstuhlfußballs mit Riesenball ist eine spannende Sportart, die im Manuellen Rollstuhl oder im E-Rollstuhl gespielt werden kann (Wheel Soccer und Power Soccer).

Fankultur, Rituale und Fangesänge, Gruppenzugehörigkeit, Verhalten und Gefahren – hier bieten sich unterschiedlichste Vertiefungs- und Differenzierungsmöglichkeiten, ebenso wie zu den Themen Nationalbewusstsein und den Nationalsymbolen, wie sie beispielsweise auf den Fußballtrikots zu finden sind.

Bei schönem, warmem Wetter bietet es sich an, im Freien die Wasserschlacht nachzuspielen und Wasserbombe und Sprühflasche durch Wassersprenger, Gießkanne und Co. zu ergänzen.

Lavendelprodukte gibt es in allen möglichen Variationen: als Duftöl, Massageöl, Duftkerzen, Lavendelhonig, Duschgel, Duftsäckchen, Badekugeln und natürlich in Form der in der Geschichte erwähnten Angebote. Gesammelt bereitgestellt kann hieraus eine „Lavendelbar" entstehen, bei der Massagen, (Fuß-) Bäder, Tee und Co. ausgewählt werden können, verbal oder unter Nutzung der Unterstützen Kommunikation.

Einen Hauch von Luxus erhält die Geschichte durch den Einsatz des Pinienzapfen bzw. der Pinienkerne. Der geschlossene Zapfen öffnet sich, nachdem er einige Tage im Warmen gestanden hat. Hieraus ergeben sich spannende Beobachtungsmöglichkeiten. Mit dem Pinien- oder auch kleineren Tannenzapfen können dann Zapfenmännchen gebastelt werden, ebenso wie Eulen, Kränze und vieles mehr.

Europa (Ost):
Fahrt mit der Transsibirischen Eisenbahn

Didaktischer Kommentar

Nastja, ein Mädchen aus Moskau, macht sich mit ihren Eltern in der transsibirischen Eisenbahn auf den Weg, um ihre Großeltern im weit entfernten Irkutsk zu besuchen. Aber, wie sich das für ein Mädchen im pubertären Alter gehört, findet Nastja fast alles blöd. Bis auf Schokolade, denn für die zeigt sie eine deutliche Schwäche, was im weiteren Verlauf der Geschichte von Bedeutung sein wird, wenn ein freundlicher Herr ihr Schokolade anbieten wird. Ob als Lockmittel oder als Nettigkeit gemeint – Nastja entscheidet sich gegen die Einladung. Das Thema „Nein sagen" und die Kommunikation mit Vertrauenspersonen in Situationen, in denen man sich unwohl fühlt, stehen somit im Fokus der Beziehungsebene der Geschichte.

Kernvokabularwörter zum Üben finden sich in dem Sprechtext „Nein (12) danke, keine (44) Lust auf (50) so (17) was".

Material

- BAG Grundausstattung (BIGmack, Step-by-Step, PowerLink mit Taster)
- Ventilator mit an Fäden festgeknüpften, kleinen (leichten!) Wattebäuschen
- Kühlpack
- Handtuch
- Duftöl
- Tee
- Tannenzweig (ohne piekende Nadeln, möglich sind z. B. Nobilis- oder Nordmanntanne) oder Tannenduftöl
- Honig
- Lichterkette, PowerLink, Schalter
- Orange
- Glöckchen
- Schokolade oder Schokoladenpudding mit einem Löffel pro Person

Vorbereitung

- Materialien (s. o.) bereitlegen
- Step-by-Step besprechen mit: „Nein danke, keine Lust auf so was!"
- Watte in leichten Flocken an dünne Fäden binden und am Ventilatorgitter verknoten (falls das Gitter zu schmal ist: die Fäden an ein rundes Kuchengitter binden, das vor dem Ventilator fixiert oder im Windbereich festgehalten wird)
- Ventilator an PowerLink samt Schalter anschließen
- Kühlpack kühlen
- Ratterndes Geräusch auf BIGmack aufnehmen
- Handtuch mit Duftöl beträufeln
- Lichterkette an PowerLink samt Schalter anschließen
- Tee zubereiten (ggf. pro Person einen Becher mit Tee vorbereiten)
- Orange halbieren

Alternative ohne Elektronik

- Kuchengitter mit Watteschneeflocken (s. o.) ohne Ventilator verwenden und über den Akteuren schaukeln und „schneien" lassen
- Step-by-Step durch Symbol oder Gebärde ersetzen
- Anstelle des BIGmack einen Guiro („Ratschgurke") oder ein ähnliches Perkussionsinstrument einsetzen
- Anstelle der Lichterkette selbstleuchtende, auf schwarze Pappe geklebte Sterne unter schwarzem Tuch aufdecken und zeigen (ggf. vorher in die Sonne legen, damit sie schön leuchten)

Fahrt mit der Transsibirischen Eisenbahn

Nastja lebt in einem riesengroßen Land. Russland heißt dieses Land. Eigentlich wohnte sie zusammen mit ihren Eltern und ihren Großeltern in der Nähe von der Stadt Irkutsk. Die Stadt Irkutsk liegt an einem sehr großen und sehr tiefen See, dem Baikalsee. Aber Nastjas Vater musste immer öfter zum Arbeiten in die Stadt Moskau reisen. Moskau ist sehr weit entfernt von Irkutsk. Deshalb sind Nastja und ihre Eltern im Herbst nach Moskau gezogen. Moskau ist die Hauptstadt von Russland. Nastja findet diese Stadt ziemlich doof. Und die neue Schule in Moskau findet Nastja auch blöd. Sie vermisst ihre Großeltern. Sie vermisst ihr altes Zuhause in Irkutsk. Aber Irkutsk ist weit weg von Moskau. Nastja vermisst ihre Großeltern wirklich sehr. Sie ist richtig traurig. „Schreib doch einen Brief an Oma und Opa!“, schlägt Mama vor. Briefeschreiben – das dauert doch ewig, bis die Post ankommt. Nastja motzt:

Step-by-Step auslösen lassen

„Nein danke, keine Lust auf so was!“

Nastja hat richtig schlechte Laune. Mürrisch blickt sie aus dem Fenster. Draußen tanzen die ersten Schneeflocken.

Ventilator mit an Fäden festgeknüpften, leichten Watteflocken per PowerLink und Schalter bedienen lassen

Bald wird es Winter sein. Dann wird es in Russland sehr, sehr kalt. In Russland gibt es sehr viel Schnee und Eis. Im Winter wehen sogar Schneestürme durch das Land.

„Ich habe eine Idee!“, ruft Nastja plötzlich. „Bald sind Winterferien! Dann können wir doch Oma und Opa besuchen!“

Nastjas Eltern finden die Idee gar nicht so schlecht. Und schon zwei Wochen später ist es so weit: Nastja und ihre Eltern fahren zum Bahnhof, um mit dem Zug zu den Großeltern nach Irkutsk zu fahren. Es ist ein besonders kalter Wintertag.

Kühlpack anreichen

Schnell in die warme Eisenbahn einsteigen! Und schon beginnt die Fahrt! Der Zug fährt los.

BIGmack mit ratterndem Geräusch auslösen lassen

Die Eisenbahn, mit der sie fahren, heißt „transsibirische Eisenbahn“.

Die Fahrt bis Irkutsk wird sehr, sehr lange dauern. Viele Tage werden Nastja und ihre Eltern unterwegs sein. Deshalb gibt es auch Betten in der Bahn.

In kleinen Abteilen warten auf jeden Fahrgast eine kleine Liege, Decken und Handtücher.

Oh – diese Handtücher duften aber gut!

Handtuch mit Duftöl anreichen

Aber Nastja ist etwas enttäuscht. In Hotels liegt oft eine Minitafel Schokolade auf dem Kopfkissen. Aber hier bekommt man wohl keine Schokolade geschenkt. Das ist doch doof!

Zur Begrüßung gibt es stattdessen für alle Fahrgäste erstmal ein Glas Tee. Im Zug gibt es einen großen, heißen Teekessel, den man Samowar nennt. Dort kann man sich immer, wenn man möchte, Tee nehmen. Warmer Tee tut gut im kalten Winter. Nastjas Eltern trinken auch erst einmal gemütlich so einen Tee.

Tee anbieten

„Nastja, möchtest du auch ein Glas Tee trinken?", fragt Nastjas Mutter.

Nastja rümpft die Nase und sagt:

Step-by-Step auslösen lassen

„Nein danke, keine Lust auf so was!"

Nastja möchte lieber Cola. Aber die gibt es hier leider nicht. Erst keine Schokolade. Dann keine Cola. Total blöde findet das Nastja.

Der Zug rattert und knattert. Er fährt durch verschneite Wälder mit Birken und Tannenbäumen. Es duftet nach Tannen.

Duftöl oder Tannenzweig anreichen

Die Fahrt dauert wirklich sehr lange. Nastja schaut gelangweilt aus dem Fenster.

Der Zug hält an einem Bahnhof. Auf dem Bahnsteig verkauft eine Babuschka – das ist eine alte Dame – leckeres Gebäck.

Das Gebäck duftet nach Honig.

Honig anreichen zum Riechen, ggf. Probieren

„Nastja, möchtest du auch ein Stück Honiggebäck haben?", fragt Nastjas Vater.

Nastja murmelt:

Step-by-Step auslösen lassen

„Nein danke, keine Lust auf so was!"

Nastja hätte lieber Schokolade. Aber die Babuschka verkauft leider nur ihre doofen Honigplätzchen.

Die Fahrt geht weiter.

Es wird Abend. Draußen ist es schon dunkel. Am Himmel funkeln die Sterne.

Lichterkette mit PowerLink und Schalter bedienen lassen

Nastja kuschelt sich in ihr schmales Bett. Der Zug ruckelt und schuckelt und bald schon ist Nastja eingeschlafen.

Am nächsten Morgen frühstücken Nastja und ihre Eltern im Speisewagen. Das findet Nastja ziemlich chic. Es ist ein bisschen so, wie in einem Restaurant. Sie werden sogar von einem Kellner bedient. Aber es gibt keinen Kakao. Dabei hat Nastja riesigen Kakaodurst. „Möchtest du einen frisch gepressten Orangensaft haben?", fragt der Kellner und hält Nastja eine Orangenhälfte unter die Nase.

Orangenhälfte anreichen

Nastja grummelt:

Step-by-Step auslösen lassen

„Nein danke, keine Lust auf so was!"

Der Zug hält an einem kleinen Bahnhof. Vor dem Bahnhof steht ein Pferdeschlitten, der eine Familie abholt. Viele kleine Glöckchen klingeln, als der Schlitten wegfährt.

Glöckchen anreichen

Nach dem Frühstück gehen Nastja und ihre Eltern wieder in ihr Abteil zurück. Aber schon bald hat Nastja wieder Langeweile. Sie geht ein bisschen durch den Zug spazieren.

„Hallo", begrüßt sie da plötzlich ein freundlicher Herr. „Hast du nicht auch gerade im Speisewagen gefrühstückt?" Nastja nickt. „Möchtest du vielleicht einen Nachtisch haben?", fragt der Herr. „Ich habe noch etwas Schokolade in meinem Abteil. Die könnten wir essen." Schokolade! Darauf hat Nastja die ganze Zeit schon Appetit! Das ist ja wirklich nett von dem Herrn! Allerdings kennt sie den Mann gar nicht. Und mit Männern oder Frauen mitgehen, die man nicht kennt, das ist keine gute Idee. Das sagen Nastjas Eltern immer. Selbst wenn es um Schokolade oder andere schöne Dinge geht, ist das keine gute Idee.

Nastja seufzt:

Step-by-Step auslösen lassen

„Nein danke, keine Lust auf so was!"

„Auf Wiedersehen!" sagt sie noch. Sie geht schnell zu ihren Eltern zurück. Sie erzählt von dem Mann. Nastjas Eltern freuen sich, dass Nastja sofort zurückgekommen ist. Und sie freuen sich sehr, dass Nastja nicht mit dem Herrn mitgegangen ist. „Warum hast du denn nicht schon längst gesagt, dass du Lust auf Schokolade hast? Wir haben doch Schokolade eingepackt! Hier, bitte schön!"

ein Stück Schokolade (bzw. bei Bedarf Schokoladenpudding) anreichen

Das ist ja super! Irgendwie hatte Nastja gar nicht daran gedacht, dass sie ja einfach ihre Eltern nach Schokolade fragen könnte.

Die Bahn wird langsamer. „Wir sind gleich da!“, erklärt Nastjas Vater. Und richtig: da sieht Nastja schon den Bahnhof von Irkutsk! Und da stehen auch ihre Großeltern! Schnell die Taschen nehmen und raus aus dem Zug! Nastja freut sich riesig! Die Langeweile ist vergessen. Und jetzt hat sie Lust auf so ziemlich alles!

Ideenkiste

Diese Reise durch die Winterlandschaft geht schnell zu Ende. Doch das winterliche Setting lässt sich, wenn gewünscht, als „Erfahrungskulisse" ausbauen, wie es in Kapitel 4 beschrieben ist, so dass es als Wahrnehmungsszene über einen längeren Zeitraum genutzt werden kann. Auch die Wahrnehmungsanregungen, die im Rahmen der Antarktisgeschichte aufgeführt werden (Kapitel 3) lassen sich auf das winterliche Russland übertragen und vertiefen.

Eine „Teebar" (gerne mit Samowar), an der Tees in unterschiedlichsten Geschmacksrichtungen angeboten werden, lädt zur Verköstigung ein. Darüber hinaus bietet sich natürlich auch hier wieder die Möglichkeit, landestypische, russische Spezialitäten aufzugreifen (etwa eingelegte Gurken, Blini, Borschtsch), die gustatorisch entdeckt und erforscht werden können.

Für kognitiv leistungsorientiert arbeitende Gruppen bietet der Themenkomplex „Russland" eine große Menge unterschiedlicher Differenzierungsmöglichkeiten, die sich zum Beispiel aus der historischen und politischen Entwicklung des Landes ergeben können.

Bezüglich des wichtigen Themas „Nein-sagen" bieten die Bundezentrale für gesundheitliche Aufklärung (BZgA), Pro Familia, die Lebenshilfe und andere Organisationen vielfältige, größtenteils kostenlose Informationen und Materialien an, die für eine vertiefende Behandlung der Thematik genutzt werden können.

Darüber hinaus gibt es diverse Bücher für unterschiedlichste Altersstufen, die sich mit dem wichtigen „Nein" von Kindern und Jugendlichen befassen. Eng verknüpft ist dieser Themenkomplex mit den Kinderrechten, zu denen es ebenfalls vielfältige Informationen und Materialien gibt (beispielsweise über UNICEF oder das Deutsche Kinderhilfswerk erhältlich).

Amerika (Mitte):
Die lange Reise des Christoph Kolumbus

Didaktischer Kommentar

Keine fiktive Figur, sondern die Geschichte des Christoph Kolumbus steht im Zentrum dieser Geschichte. Hier werden die beschwerliche Fahrt über das Meer, die Spannung zwischen Kapitän und Mannschaft, die Ankunft in Amerika und die Ausnutzung der Gastfreundlichkeit der Ureinwohner skizziert.

Auf der Beziehungsebene mag die Geschichte zunächst weit entfernt von der Lebenswirklichkeit heutiger Jugendlicher scheinen. Auf die Kernthemen reduziert geht es aber auch hier um aktuelle Themen, die gerade durch die Distanz zu den Figuren der Geschichte einen offenen Zugang bieten: Es geht um Fairness, Achtung und Respekt und die Frage, wie man miteinander leben möchte.

Zwei Sprechparts bieten die Möglichkeit zum Üben von insgesamt zehn verschiedenen Kernvokabularwörtern. Zum einen ist es der Ruf Christoph Kolumbus' „Los Matrosen! Ahoi! Ahoi! Wir wollen neue Länder sehen!" (Kernvokabular: wir (14), wollen (36) und sehen (97)). Zum anderen ist es die Beschwerde seiner Mannschaft mit dem für Jugendliche durchaus wichtigem Ausruf „Boah (74) ey (45)" und dem Satz „Immer nur segeln… Wir wollen nicht mehr!" (Kernvokabular: immer (79), nur (74), wir (14) wollen (36) nicht (9) mehr (82)).

Material

- BAG Grundausstattung (BIGmack, Step-by-Step, PowerLink mit Taster)
- ein Suhi-Noriblatt
- Schüssel mit Wasser
- CD/MP3 mit Meeresrauschen und entsprechendes Abspielgerät, alternativ Meerestrommel oder kleine Perlchen (z. B. Rocailles Perlen) in Handtrommel
- Gewürze (z. B. Nelken, leicht zerstoßene Kardamomkapseln, Bockshornklee etc.)
- Parfum (plus ggf. Tücher, wenn das Parfum nicht direkt auf die Haut aufgetragen werden soll)
- Föhn
- Sprühflasche mit Wasser
- Wärmelampe
- CD mit Vogelgezwitscher oder Vogelpfeife
- Blumen(-duftöl)
- Bunte Federn
- Perlen(-schnüre), Glöckchen
- Globus

Vorbereitung

- Materialien (s. o.) bereitlegen
- Noriblatt in einer Schüssel mit etwas Wasser einweichen (Achtung: sehr geruchsintensiv)
- CD einlegen oder Perlchen in Handtrommel füllen
- Bei Bedarf die Gewürze in Chiffontücher o. Ä. einknoten
- Föhn an PowerLink samt Taster anschließen
- Wärmelampe an PowerLink samt Taster anschließen oder Wärmflasche mit heißem Wasser befüllen
- Step-by-Step besprechen mit:
  „Los Matrosen! Ahoi! Ahoi! Wir wollen neue Länder sehen!“
- BIGmack besprechen mit:
  „Boah ey, immer nur segeln… Wir wollen nicht mehr!“

Alternative ohne Elektronik

- Wind mit Pappe statt Föhn erzeugen
- Gebärden oder Symbole anstelle von BIGmack und Step-by-Step einsetzen
- Handtrommel mit Perlchen anstelle der CD mit Meeresgeräusch einsetzen
- Wärmelampe durch Wärmflasche ersetzen

Die lange Reise des Christoph Kolumbus

Heute erzähle ich euch eine wahre Geschichte. Sie ist viele, viele hundert Jahre alt. Damals gab es noch keine Flugzeuge. Damals gab es keine Straßenbahnen. Damals gab es keine Autos. Damals gab es keine Motorboote. Aber es gab Segelschiffe. Und ich erzähle euch von einem Mann, der super gut segeln konnte. Er heißt: Christoph Kolumbus. Ich erzähle euch davon, wie Christoph Kolumbus aufbricht, um als erster Mensch der Welt nach Indien zu segeln.

Damals, im Jahr 1492, wohnt Christoph Kolumbus in Spanien. Sein Haus steht nah am Meer. Es riecht nach Algen.

Schüssel mit Wasser und Sushi-Noriblättern anreichen

Wie schön das Meer rauscht!

CD starten, alternativ Meerestrommel anreichen oder eine mit Perlen gefüllte Handtrommel anreichen

Christoph Kolumbus ist Seefahrer und er hat einen Traum: Mit seinem großen Segelschiff möchte er die Welt entdecken. Denn zu der Zeit, als Christoph Kolumbus lebt, kennt man die Erde noch gar nicht so richtig. Es gibt noch keinen Globus. Es gibt keine Weltkarten, denn man kennt noch gar nicht alle Länder dieser Welt.

Aber das Land Indien, das kennt man schon.

Aus Indien kommen immer tolle Gewürze.

Gewürze anreichen

Aus Indien kommen auch teure Parfums.

Parfum anreichen

Aber der Weg nach Indien ist sehr lang. Man muss mit dem Pferd reiten, in einer Kutsche fahren, zu Fuß gehen und sogar auf einem Kamel reiten. Viele, viele Monate dauert die Reise nach Indien. Das ist ganz schön anstrengend. Und gefährlich ist die Reise auch.

Über das Meer ist noch nie jemand nach Indien gesegelt. Niemand kennt den Weg über die Ozeane. Das will Christoph Kolumbus ändern. „Ich fahre nach Indien und zwar mit meinem Segelschiff!", erklärt er. „Abenteurer und mutige Matrosen – kommt an Bord!" Christoph Kolumbus und seine Mannschaft steigen auf das Schiff, um nach Indien zu segeln. Die Menschen jubeln. Kolumbus lacht und ruft:

Step-by-Step auslösen lassen

„Los Matrosen! Ahoi! Ahoi! Wir wollen neue Länder sehen!"

Viele Tage und viele Nächte segeln Christoph Kolumbus und seine Leute über das Meer. Sie segeln bei Wind und Sturm.

Föhn mit PowerLink per Schalter bedienen lassen

Sie segeln weiter. Und weiter. Und noch weiter. Aber die Matrosen haben langsam keine Lust mehr. Sie stöhnen:

BIGmack auslösen lassen

„Boah ey, immer nur segeln…
Wir wollen nicht mehr!"

Kolumbus feuert seine Matrosen an:

Step-by-Step auslösen lassen

„Los Matrosen! Ahoi! Ahoi! Wir wollen neue Länder sehen!"

Sie segeln bei Regen.

Sprühflasche einsetzen

Bah! So ein Mistwetter! Erst Wind und Sturm. Jetzt kalter Regen. Die Matrosen haben noch weniger Lust. Sie jammern:

BIGmack auslösen lassen

„Boah ey, immer nur segeln…
Wir wollen nicht mehr!"

Wieder spornt Kolumbus seine Männer an:

Step-by-Step auslösen lassen

„Los Matrosen! Ahoi! Ahoi! Wir wollen neue Länder sehen!"

Sie segeln unter praller, heißer Sonne.

Wärmelampe mit PowerLink per Schalter bedienen lassen

Ist das heiß! Erst Wind und Sturm. Dann kalter Regen. Und jetzt so eine Affenhitze! Die Matrosen haben endgültig die Nase voll vom Segeln. Sie grölen:

BIGmack auslösen lassen

„Boah ey, immer nur segeln…
Wir wollen nicht mehr!"

Aber Kolumbus lacht nur. Er lacht und lacht und klatscht und hüpft. Jetzt ist der Kapitän völlig verrückt geworden, denken die Matrosen. Der hat doch einen Sonnenstich! „Haaaaa! Land in Sicht!", kreischt Kolumbus und grinst und springt. „Land in Sicht! Wir sind angekommen! Wir sind da!"

Großer Jubel! Nach neunundsechzig langen, langen Tagen, haben sie endlich das Land erreicht! Schnell klettern Christoph Kolumbus und seine Männer aus dem großen Boot heraus und steigen in die kleinen Beiboote. Sie rudern an Land. Sie steigen aus. Sie staunen.

Wie schön es hier ist! Viele Vögel zwitschern und trillern um die Wette.

CD mit Vogelgeräuschen starten
oder Vogelpfeife starten

Überall wachsen große Pflanzen, Bäume, Farne und duftende Blumen.

Blumen(-duftöl) anreichen

Christoph Kolumbus freut sich. Das, denkt er, ist also Indien! Aber das stimmt gar nicht! Das ist nicht Indien! Das ist Amerika! Kolumbus hat sich nämlich verfahren! Versegelt! Er hat nicht Indien, sondern Amerika entdeckt!

Freundliche Menschen kommen zum Strand. Sie begrüßen Kolumbus und seine Matrosen. Ihre Haut ist braun und schimmert ein bisschen rötlich. Ihre Haare sind lang und glänzend schwarz. Als Schmuck tragen die Menschen wunderschöne, bunte Federn.

bunte Federn anreichen

Kolumbus gibt diesen Menschen den Namen „Indianer". Indianer – wie Indien. Kolumbus weiß ja noch nicht, dass dieses Land gar nicht Indien ist. Dieses Land ist Amerika.

Die Indianer sind freundlich und großzügig. Sie schenken Christoph Kolumbus und seinen Männern zur Begrüßung kostbares Gold. Gierig nimmt Kolumbus ihnen das ganze Gold ab. Kolumbus schenkt den Indianern nur billige Perlen und einfache Glöckchen.

Perlen(-schnüre) und Glöckchen anreichen

Überhaupt sind Kolumbus und seine Männer nicht sehr nett zu den Indianern. Sie sind gemein zu ihnen. Sie nehmen ihnen ihre Sachen weg. Sie nehmen viele Menschen gefangen. Die Indianer haben nie wieder so frei leben können, wie sie vor Kolumbus gelebt hatten. Das ist nicht gut.

Was Kolumbus aber gut gemacht hat, war die Entdeckungsreise mit seinem Segelschiff. Das machte vielen Entdeckern Mut, die damals auch loszogen, um die Welt zu entdecken. Und irgendwann gab es dann auch endlich einen Globus. Alle Länder unserer Welt kann man darauf sehen.

Globus anreichen

Ideenkiste

Bei dieser Geschichte ist es sehr schön, wenn sie beispielsweise in einem Snoezelenraum mit Wasserbett angeboten werden kann. Personen mit starker Bewegungseinschränkung können so das „Schaukeln auf dem Wasser" nachempfinden, wenn das Wasserbett entsprechend in Bewegung versetzt wird – eine Aufgabe, die bewegungsfreudige Kinder erfahrungsgemäß sehr gerne übernehmen und schwungvoll ausführen.

Die Kolumbusgeschichte lässt sich thematisch mit zwei weiteren Geschichten dieses Buches verknüpfen: Zum einen mit dem Wettlauf um den Südpol (BAG „Antarktis: Wettlauf zum Südpol"), bei dem ebenfalls das Motiv „als erster Mensch der Welt ankommen" im Mittelpunkt steht. Zum anderen lässt sich der Bogen zur Islandgeschichte (BAG „Europa (Nord): Beim kleinen Volk in Island") spannen, denn streng genommen war es der Isländer Leif Eriksson, der um das Jahr 1000 herum als erster Mensch nach Nordamerika reiste.

Die Themen Ausbeutung, Versklavung, Meuterei stellen die Gegenpole zu den bereits erwähnten Themen Fairness, Achtung und Respekt dar. Beide Seiten lassen sich auf Grundlage der Aktionsgeschichte in heterogenen Lerngruppen bei Bedarf weiter ausführen. Das Motiv der Reisenden, die über Länder und Meere hinweg eine neue Heimat suchen, lässt sich selbstverständlich auch im Kontext des Themas „Flucht und Vertreibung" ausdifferenzieren.

Einzelne Elemente aus der Lebenswelt der amerikanischen Ureinwohner lassen sich im handlungspraktischen Bereich nachgestalten. Tipis bauen, Traumfänger basteln, Perlenweben, Perkussionsinstrumente bauen oder das Basteln von Tomahawks und Friedenspfeife sind einige Beispiele, die umgesetzt werden könnten. Auch das Nachspielen der Geschichte in Form eines Schattenspiels ist möglich.

Tomaten, Mais, Kartoffeln, Ananas und Vanille haben aus Amerika den Weg nach Europa gefunden und können variantenreich zubereitet und verköstigt werden. Tomatensaft, Ananassaft, Vanillemilch und Kartoffelsüppchen bieten auch bei Kauschwierigkeiten die Möglichkeit zum Probieren.

Das sprichwörtliche „Ei des Kolumbus" lässt sich als amüsante Rätselaufgabe ins gemeinsame Frühstück einbinden. *(Rätsel: Wie kann ich ein (hartgekochtes) Ei auf seine Spitze stellen? Antwort: Eierspitze feste auf den Tisch schlagen, so dass die Spitze eindellt und das Ei stehen bleibt.)*

Wie immer lässt sich auch zu dieser Geschichte eine Sensorikkiste oder -flasche mit Meeresrequisiten wie Muscheln, Sand, Steinen, Spielzeugschiffchen oder -meerestiere, Perlen, Federn und Glöckchen zusammenstellen.

Amerika (Süd):

Brasilien – „… wo die Schokolade an den Bäumen wächst“

Didaktischer Kommentar

Jeder Mensch hat Träume. Manche Träume lassen sich erfüllen, andere weniger, manche gehen auf unerwartet andere Weise in Erfüllung. Letzteres erlebt in dieser Geschichte der Junge Nico, der so gerne einmal in den Amazonas-Regenwald reisen würde, wo „die Schokolade an den Bäumen wächst“. Und tatsächlich betrachtet in dieser Geschichte der neugierige Nico Kakaobäume und deren Früchte im tropischen Klima, nimmt den Duft der getrockneten Kakaobohnen wahr und erlebt schließlich deren Weiterverarbeitung in der brummenden und rasselnden Schokoladenfabrik. All das erlebt er jedoch nicht in Südamerika, sondern bei einer Führung durch ein Schokoladenmuseum, die natürlich auch eine Schokoladenkostprobe beinhaltet.

Die Schokoladenverköstigung am Ende dieser Museumsführung kann auch als Ratespiel mit verbundenen Augen durchgeführt werden. Wie immer gilt hierbei: Bitte unbedingt Allergien, Unverträglichkeiten und eventuelle Schluckstörungen beachten!

Man muss übrigens nicht selber in einem Schokoladenmuseum gewesen sein, um eine solche Museumsführung als „Basale Aktionsgeschichte“ anbieten zu können. Mit etwas Fantasie und einigen Informationen aus dem Internet, wo einige der Schokoladenmuseen Lehrerhandreichungen und sonstige Informationen anbieten, kann der Museumsbesuch samt tropischer Atmosphäre wunderbar simuliert werden. Natürlich wäre ein tatsächlicher Ausflug in ein Schokoladenmuseum (beispielsweise in Berlin, Dresden, Hamburg, Köln, Peine) ein wohl kaum zu toppendes Highlight.

Auf der Beziehungsebene steht in dieser Geschichte nicht die Interaktion mit anderen, sondern die Auseinandersetzung mit den eigenen Fähigkeiten, Träumen und Alternativen im Vordergrund, die den Ausgangspunkt der Geschichte bilden und vertiefend behandelt werden können.

Das Kernvokabular wird mit der wiederholten Frage „Was ist denn das“ trainiert (was (10), sein (2), denn (49), das (3)).

Diese Aktionsgeschichte kann, wie alle Geschichten in diesem Buch, wahlweise mit oder ohne elektronische Hilfsmittel durchgeführt werden. Für eine besonders interessante Atmosphäre wird – auch bei der eigentlich nichtelektronischen Variante – der Einsatz einer Geräusche CD mit Urwaldgeräuschen empfohlen.

Kakaobohnen sind online oder im gut sortierten Reformhaus erhältlich. Das eingesetzte Bananenblatt beeindruckt in seiner Größe und Haptik, kann aber durch ein beliebiges anderes oder durch ein künstliches Blatt ersetzt werden.

Material

- BAG Grundausstattung (BIGmack, Step-by-Step, PowerLink mit Taster)
- Schüssel
- Erde, mit warmem Wasser angefeuchtet
- Bananenblatt oder ähnliches (einzelnes, frisches Blatt aus dem Asialaden, alternativ beliebiges anderes, größeres und ungiftiges Blatt oder künstliches Pflanzenblatt)
- Wärmflasche
- Wassersprühflasche
- CD mit Urwaldgeräuschen, alternativ Sounddatei und entsprechendes Ausgabeberät
- Papaya oder kleine Honigmelone, in braunem (Kunst-)Lederrest gewickelt. Alternativ: in braunes Papier gewickelt; braun angemalt; in braunen Stoff gewickelt
- durchsichtiges Kästchen oder Kunststoffdose
- Kakaobohnen (wenn keine Kakaobohnen verfügbar sind wahlweise Kaffeebohnen, Mokkabohnen (Backbedarf) o. Ä. in einer Schüssel mit etwas Backkakaopulver (Geruchsimpuls) anbieten)
- batteriebetriebener Massagekäfer o. Ä.
- Handtrommel
- drei Schälchen
- Schokoladenstücke (jeweils weiße Schokolade, Vollmichschokolade und Zartbitterschokolade)
- ggf. Schokoladenpudding (plus ein Löffel pro Person)

Vorbereitung

- Materialien (s. o.) bereitlegen
- BIGmack besprechen mit:
  „Was ist denn das?“
- Erde mit warmem (bei frühzeitiger Vorbereitung: mit heißem) Wasser anfeuchten
- Wärmelampe an PowerLink und Taster anschließen
- Mango bzw. Papaya einwickeln bzw. anmalen
- Kakaobohnen in Kästchen füllen
- Massagekäfer in die umgedrehte Handtrommel hineinsetzen
- Schokolade oder Schokoladenpudding in Schälchen füllen, ggf. pro Person einen Löffel bereitlegen

Alternative ohne Elektronik

- Wärmelampe durch Wärmflasche ersetzen
- Step-by-Step durch Symbol oder Gebärde ersetzen
- Anstelle der CD mit Vogelgezwitscher eine Vogelpfeife einsetzen oder das Affengekreische nachspielen
- Anstelle des Massagekäfers wahlweise Murmeln, Perlen, Linsen o. Ä. in die Handtrommel füllen

Brasilien – „… wo die Schokolade an den Bäumen wächst“

Das ist die Geschichte von dem Jungen Nico, der eine ganz besondere Reise macht.

Nicos größter Wunsch ist es, einmal nach Südamerika zu Reisen. In den Regenwald am Amazonas. Das ist ein riesiger Urwald, wo die Schokolade an den Bäumen wächst. Wie im Schlaraffenland, so stellt Nico sich das vor. Aber so eine Reise ist sehr teuer. Außerdem kann Nico nicht gut laufen und im Regenwald kann man nicht so gut mit dem Rollstuhl fahren, sagt Mama. Aber sie hat sich etwas anderes ausgedacht. „Nico“, sagt Mama „hol deine Jacke! Wir fahren dahin, wo der Kakao wächst!“ „Nach Südamerika?“ „Nein“, lacht Mama, „ins Schokoladenmuseum!“

Schokoladenmuseum. Nico fragt:

BIGmack auslösen lassen

„Was ist denn das?“

Aber Mama verrät nicht, was genau denn dieses Schokoladenmuseum sein soll. Na, das ist ja spannend! Anziehen, alles einpacken, ab ins Auto. Los geht es! Eine ganze Weile müssen sie fahren. Und dann sind sie endlich da: Im Schokoladenmuseum!

Charlie, ein Schokoladenexperte, führt Nico und seine Eltern durch das Museum. Der Rundgang startet in einem Tropenraum. Das ist ein großer, hoher Raum, in dem tatsächlich ein Urwald wächst! Es riecht nach feuchter Erde.

Erde, mit warmem Wasser angefeuchtet, zum Riechen anreichen

Große Bäume wachsen in diesem Tropenraum. Der Boden ist mit Moos bedeckt. Farne und große Blätter wachsen überall. Einige Blätter kitzeln Nico, als er an ihnen vorbei geht.

mit (Bananen-)Blatt kitzeln

Ganz schön warm ist es in diesem Urwaldraum!

Wärmelampe mit PowerLink per Schalter bedienen lassen

In dem Tropenraum ist es nicht nur warm. Es ist auch sehr feucht: Ein kleiner Wassersprinkler versprüht winzige Wassertropfen.

Wassersprühflasche einsetzen

Die Luft in diesem kleinen Urwald ist erfüllt von Vogelgezwitscher und Affengekreische.

CD starten

„Die Geräusche kommen von einer CD“, erklärt Charlie. „Aber im Regenwald klingt es tatsächlich so ähnlich!“

Charlie zeigt Nico und seiner Familie einen Kakaobaum. Nico ist enttäuscht: „Da wächst ja gar keine Schokolade dran!“ Charlie lacht. „Die Schokolade wird aus den Früchten des Kakaobaums gemacht, aus den Kakaoschoten. Das ist gar nicht so einfach!“

Unter dem Kakaobaum liegt etwas. Es sieht aus wie eine kleine, braune Honigmelone.

Nico ist neugierig.

BIGmack auslösen lassen

„Was ist denn das?“

Charlie hebt die Frucht auf. Er gibt sie Nico. „Achtung!“, sagt er „die ist sehr schwer!“

kleine, „braune“ Papaya anreichen

„Das“, erklärt Charlie „ist eine Kakaoschote. Sie wächst an den Kakaobäumen. Die Kakaobauern pflücken diese Kakaoschoten. In ihrem Inneren stecken die Kakaobohnen. Die werden herausgeholt und in der Sonne getrocknet.“

Charlie holt ein durchsichtiges Kästchen aus seiner Tasche.

Kästchen mit Kakaobohnen zeigen

Nico ist neugierig.

BIGmack auslösen lassen

„Was ist denn das?“

„Das sind die getrockneten Kakaobohnen“, erklärt Charlie und gibt Nico das Kästchen.

Er öffnet das Kästchen. „Riech doch mal!“

Kästchen mit Kakaobohnen öffnen und zum Riechen anreichen

„Die getrockneten Bohnen werden gesammelt und nach Deutschland gebracht“, erklärt Charlie. „Kommt mal mit, ich zeige euch unsere Schokoladenfabrik!“

Nico und seine Familie verlassen mit Charlie das Tropenhaus.

CD ausschalten

Die Schokoladenfabrik ist in einem großen, hellen Raum untergebracht. Viele glänzende und glitzernde Maschinen stehen hier. Es rattert und knattert und brummt.

batteriebetriebenen Massagekäfer o. Ä. in Handtrommel stellen und anschalten und anreichen

Hier werden die Kakaobohnen fein gemahlen. Diese Kakaomasse wird dann mit Kakaobutter und Zucker vermischt. Manchmal kommt auch noch etwas

Milchpulver dazu. Die Kakaomischung wird erwärmt und lange, lange, lange verrührt. Zum Schluss wird sie in flache Förmchen gegossen. Festwerden muss die Masse noch. Und dann ist die Schokolade fertig!

Nico entdeckt drei Schälchen. Was das wohl ist? Er fragt Charlie:

BIGmack auslösen lassen

„Was ist denn das?“

„Das ist für euch!“, sagt Charlie stolz. „In einem Schälchen ist weiße Schokolade. In einem Schälchen ist hellbraune Schokolade. In einem Schälchen ist dunkle Schokolade. Die dürft ihr jetzt essen! Guten Appetit! Lasst es euch schmecken – unsere Schokoladenführung ist hiermit beendet!“

Schälchen mit Schokoladen anreichen, bei Bedarf alternativ in Form von Puddingvarianten anbieten

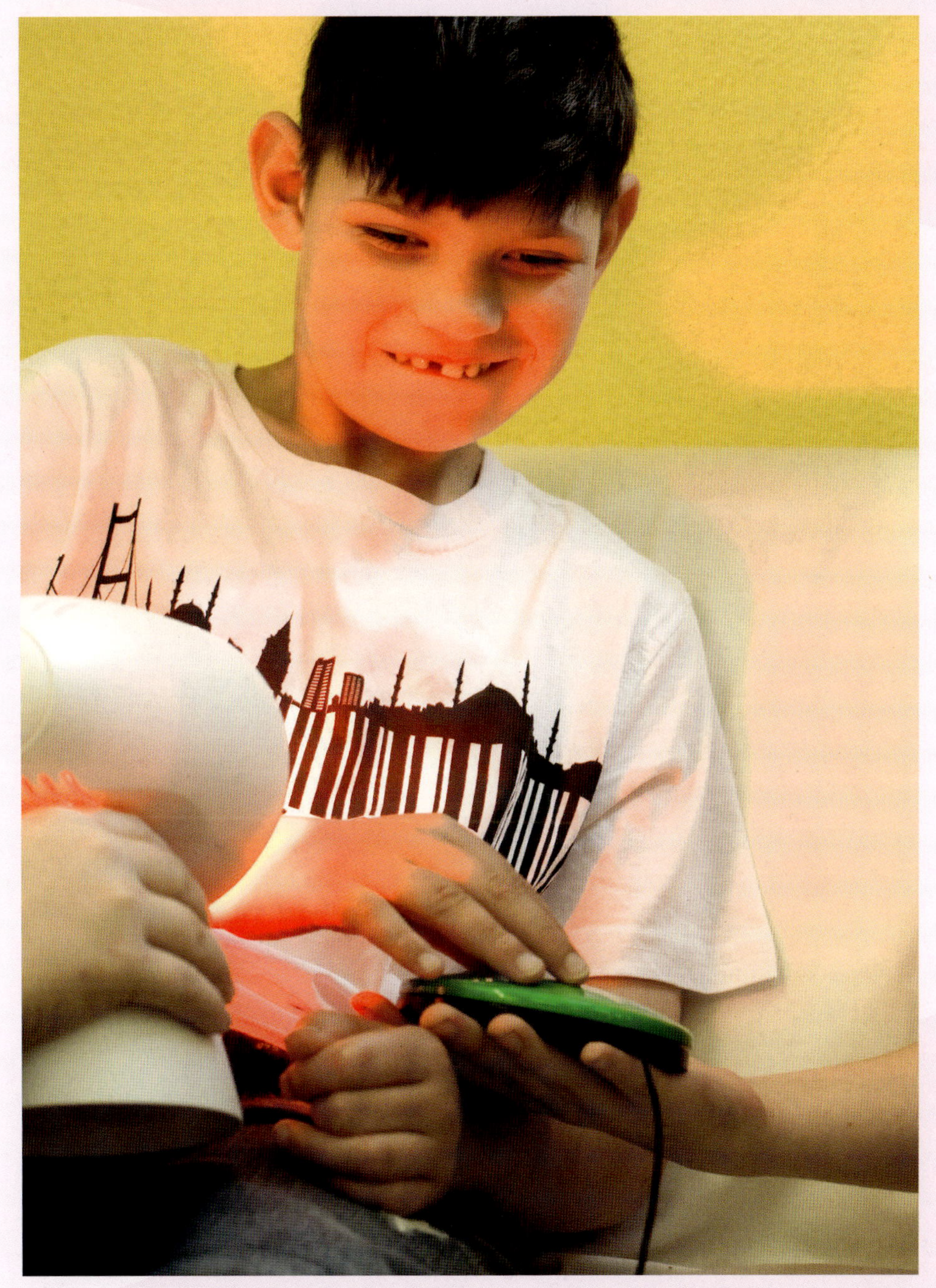

Ideenkiste

Diese „Schokoladenaktionsgeschichte“ lässt sich auf vielfältige Weise weiter ausdifferenzieren, von einfach lecker bis kognitiv anspruchsvoll.

Länderkundlich stehen die Amazonasregion und das Ökosystem Regenwald im Vordergrund. Aus beidem lässt sich im fachlich-kognitiven Bereich eine große Vielfalt an Themen ableiten. Handlungspraktisch interessant ist in diesem Zusammenhang das Projekt „Regenwald im Einmachglas“, bei dem der Wasserkreislauf sichtbar gemacht werden kann.

Daneben steht natürlich das „braune Gold“ des Aztekengottes „Quetzalcoatl“ im Vordergrund. Auf der kreativ-gustatorischen Handlungsebene bieten sich hier unterschiedlichste, kakaobasierte Aktionen an: Von der eigenen Herstellung von Schokolade aus den Grundzutaten (Kakaobohnen, Kakaobutter, Kakaopulver und Süßungsmittel wie beispielsweise Agavendicksaft), über das gemeinsame Knacken von ungeschälten Kakaobohnen und dem Wahrnehmen des ausströmenden Duftes bis zum Schmelzen von Schokoladen zu neuen Tafeln oder Trüffelkugeln, die mit neuen Geschmacksrichtungen (Vanille, Ingwer, Meersalz etc.) oder zusätzlichen Zutaten (Nüssen, Schokolinsen und so weiter) verfeinert und dekoriert werden. Kreative Verpackungen könnten in einem damit verbundenen Kunstprojekt hergestellt werden. Natürlich sind auch Trinkkakaovarianten in ähnlichen, feingemahlenen Variationen (feingeriebene Orangenschale, Zimt, feiner Pfeffer…) möglich und bieten auch Personen mit eingeschränkter Mundmotorik vielfältige Geschmackserfahrungen. Auch das Kochen mit Tropenfrüchten könnte hier thematisiert werden. Bananen, Kakao, Kokos, Vanille, Ananas, Ingwer, Zimt und Pfeffer bieten vielfältige Einsatzmöglichkeiten.

Problemlos vernetzt werden kann diese Aktionsgeschichte mit einem Literaturprojekt zu dem wunderschönen Buch „Charlie und die Schokoladenfabrik“ von Roald Dahl, von dessen Hauptfigur sich unser Schokoladenexperte seinen Namen geliehen hat. Darüber hinaus hält der Buchmarkt noch viele andere Bücher auf unterschiedlichen Niveaustufen zum Thema Schokolade bereit, die teilweise auch die schwierigen Anbau- und Erntebedingungen auf den Kakaoplantagen und den Themenkomplex Kinderarbeit/Fair Trade Produkte aufgreifen.

Für die Sensorikkiste bieten sich die in der Geschichte eingesetzte feuchte Erde, Blätter und Kakaobohnen an, die ergänzt werden können durch verschiedene Spielzeugtiere wie Frösche, Schmetterlinge oder auch Weingummischlangen bzw. Marshmallowmäuse (die, mit feuchter Erde vermischt, haptisch sehr interessante Impulse bieten können). Ein schönes, wenn auch nicht gerade sauberes Aktionsangebot.

Darüber hinaus lässt sich die Schokoladengeschichte auch mit der Geschichte des Wettlaufes zum Südpol (BAG „Antarktis: Wettlauf zum Südpol“) verknüpfen, denn Roald Amundsen kommentierte seinen Expeditionserfolg einmal mit den Worten: „Wir haben die Strapazen nur überlebt, weil wir genug Schokolade dabei hatten.“

Asien:

Japan – Das Kirschblütenfest (Hanami)

Didaktischer Kommentar

Drei Freundinnen machen sich gemeinsam bereit, um beim Picknick im Park das für Japan typische Kirschblütenfest zu feiern. Die Tasche wird – frei nach dem Spielprinzip „Ich packe meinen Koffer" – mit einigen, für dieses Fest typischen Gegenständen gefüllt: von der blauen Plastikdecke über Essstäbchen bis hin zu den in Japan beliebten Trommeln.

Im Park angekommen sind die Mädchen zunächst alles andere als begeistert, als sich drei Jungen gleich neben ihnen mit ihrer auffälligen Picknickdecke ausbreiten. Als es schließlich zu regnen beginnt ist es dann doch gut, dass beide Grüppchen, Jungs und Mädchen, gemeinsam unter der sprichwörtlichen Decke stecken können.

Die Geschichte bietet unterschiedlichste Gesprächsimpulse zum Thema „Jungen und Mädchen" und den damit verbundenen Genderfragen. Was macht man gerne allein und was gerne mit anderen, was traut man sich, was traut man sich nicht – und warum ist das eigentlich so?

Das Erleben von Nähe unter einer Decke bildet den Abschluss der Geschichte, der sehr behutsam durchgeführt werden sollte. Mit einfachstem Mittel werden hierbei eine ungewohnte Nähe, gedämpfte Farben in gemeinsamen „Deckenhöhlen", teilweise sogar die wahrnehmbare Körperwärme und der Körpergeruch der oder des Anderen inszeniert. Bei diesem Geschichtenausklang muss konzentriert auf Signale geachtet werden, um zu erkennen, ob bzw. wann diese Nähe als unangenehm empfunden wird und die Decke abgelegt werden sollte. In welcher Konstellation man diesen Abschluss anbietet, zu zweit unter einer Decke oder als Gruppe unter einem Schwungtuch, muss abhängig von Setting und Gruppe entschieden werden.

Geübt werden mit den Sätzen „Haben wir jetzt alles eingepackt? Haben wir nichts vergessen?" und „Doch! Warte! Wir haben wirklich etwas vergessen!" die Kernvokabularwörter haben (5), wir (14), doch (31), warten (67).

Die Reihenfolge des Einpackens der Picknicksachen kann optional mit Symbolen im PECs-Dialog oder per Talker ausgewählt werden.

Materialliste

- BAG Grundausstattung (BIGmack, Step-by-Step, PowerLink mit Taster)
- Wärmelampe
- Tasche zum Einpacken der Gegenstände im Geschichtenverlauf
- blaue Plastikplane oder aufgeschnittene, blaue Mülltüte (gerne laut raschelnd)
- Plastikdose
- Essstäbchen (alternativ: zwei dünne Holzstäbchen)
- Trommel
- Kirschblütenzweig
- bei künstlichem Blütenzweig zusätzlich: Duftöl
- bunte Decke oder Schwungtuch
- Sprühflasche
- ggf. PECs-Karten, Symbolkarten bzw. Talker mit entsprechenden Symbolen

Vorbereitung

- Materialien (s. o.) bereitlegen
- Wärmelampe an PowerLink samt Taster anschließen
- Step-by-Step besprechen mit:
  „Haben wir jetzt alles eingepackt? Haben wir nichts vergessen?“
- BIGmack besprechen mit:
  „Doch! Warte! Wir haben wirklich etwas vergessen!“
- Künstliche Kirschblüten mit Duftöl beträufeln
- Wassersprühflasche mit Wasser befüllen

Alternative ohne Elektronik

- Step-by-Step und BIGmack durch Symbole oder Gebärden ersetzen
- Anstelle der Wärmelampe eine Wärmflasche anbieten

Japan – Das Kirschblütenfest (Hanami)

Diese Geschichte spielt im japanischen Frühling. Es ist März in Japan. Der kalte Winter ist endlich vorbei. Heute ist ein besonders schöner Frühlingstag. Die Sonne scheint warm auf die ersten Blüten.

Wärmelampe per PowerLink mit Taster bedienen lassen

In Japan gibt es viele Kirschbäume. Im Frühling, wenn die Kirschbäume voller rosafarbener und weißer Blüten sind, feiert man in Japan ein Fest. Das Kirschblütenfest „Hanami". Die Menschen treffen sich im Park zum Picknick unter den Kirschbaumblüten. Sie essen, trinken und machen gemeinsam Musik. Das Mädchen Akiko und ihre Freundinnen Kimiko und Midori wollen heute auch zum Hanami-Fest gehen. Nur die Mädchen. Ohne Jungs. Denn Jungs sind blöd – finden die Mädchen.

Die Mädchen Akiko, Kimiko und Midori, packen gerade die Tasche für das Frühlingsfest.

Akiko überlegt:

Step-by-Step auslösen lassen

„Haben wir jetzt alles eingepackt?
Haben wir nichts vergessen?"

Kimiko denkt nach. Den Fotoapparat haben die Mädchen schon eingepackt. Aber da fehlt doch noch etwas!

Kimiko ruft:

BIGmack auslösen lassen

„Doch! Warte! Wir haben wirklich etwas vergessen!"

Die Picknickdecke haben die Mädchen vergessen! In Japan sitzt man zum Kirschblütenfest nicht auf einer richtigen Decke. Man sitzt auf einer Unterlage aus Plastik. Und fast alle Plastikunterlagen sind blau. Manchmal sieht man vor lauter blauem Plastik gar keine grüne Wiese mehr. Kimiko holt die große, blaue Tüte hervor. Sie wedelt den Mädchen damit vor der Nase herum.

blaue Plane wedeln und anreichen, danach in die Tasche packen

Kimiko überlegt:

Step-by-Step auslösen lassen

„Haben wir jetzt alles eingepackt?
Haben wir nichts vergessen?"

Midori denkt nach. Den Fotoapparat und die Picknickdecke haben sie schon eingepackt. Aber da fehlt doch noch etwas!

Midori ruft:

BIGmack auslösen lassen

„Doch! Warte! Wir haben wirklich etwas vergessen!“

Das Essen haben die Mädchen vergessen! Midori holt eine große Dose mit Essen. Sie packt die Dose in die Tasche. Auch Holzstäbchen packt sie ein. Jeder bekommt zwei Stück.

Holzstäbchen anreichen und zum Beispiel als Klangstöckchen schlagen oder auf der Essensdose trommeln, danach in die Tasche packen

Die Menschen in Japan essen ihr Essen nämlich nicht mit Messer und Gabel. Die Menschen in Japan essen ihr Essen mit Stäbchen.

Midori überlegt:

Step-by-Step auslösen lassen

„Haben wir jetzt alles eingepackt? Haben wir nichts vergessen?“

Akiko denkt nach. Den Fotoapparat, die Picknickdecke und das Essen haben sie schon eingepackt. Aber da fehlt doch noch etwas!

Akiko ruft:

BIGmack auslösen lassen

„Doch! Warte! Wir haben wirklich etwas vergessen!“

Die Trommeln haben die Mädchen vergessen! Sie wollten doch Musik machen! In Japan wird sehr gerne getrommelt. Tolle Konzerte mit riesengroßen Trommeln gibt es in Japan. Akiko holt eine kleine Handtrommel. Einmal darf jeder trommeln.

Trommel anreichen, dann in die Tasche einpacken

Akiko packt die Trommel in die Tasche. Jetzt sind Akiko, Kimiko und Midori endlich fertig. Sie gehen in den Park zum Hanamifest. Unter einem besonders schönen Kirschbaum breiten sie ihre blaue Plastikdecke aus.

blaue Plane aus der Tasche herausholen, damit wedeln und sie hinlegen

Wie schön die Kirschblüten über ihnen sind! Wie die Kirschblüten duften!

Blüten (echt oder künstlich, ggf. mit Duftöl beträufelt) anreichen

Die Mädchen packen die Trommeln aus.

die Trommeln aus der Tasche herausholen und auf die blaue Plane legen

Wer kommt denn da? Oh je – das sind ja die Jungs! Das sind Taro, Naruto und Hiro! Und die legen ihre Picknickdecke gleich neben die Decke der Mädchen.

bunte Decke wedeln und hinlegen

Wie doof! Und was ist das überhaupt für eine komische Decke bei den Jungs? Die Decke ist ja gar nicht blau! Jetzt winken die Jungs auch noch! Die Mädchen winken kurz zurück. Dann gucken sie lieber woanders hin. Sie trauen sich jetzt gar nicht zu trommeln. Das finden die Jungs bestimmt blöd.

Oh nein! Was ist das denn?

mit Sprühflasche sprühen

Es fängt an zu regnen! Igitt! Und jetzt? Nach Hause?

Einer der Jungs steht auf. Er geht zu den Mädchen.

„Hallo!", sagt er. „So ein doofer Regen! Möchtet ihr euch nicht zu uns setzen? Unsere bunte Picknickdecke ist riesengroß! Und eure blaue Plastikdecke, die könnten wir als Dach über uns halten!"

Die Mädchen finden Jungs zwar eigentlich doof, aber die Idee mit dem Dach ist super. „Na gut.", sagt Akiko und nimmt die Trommel. Die Mädchen kichern. Sie setzen sich zu den Jungs. Jetzt sitzen alle im Trockenen. Die blaue Plane ist wirklich ein prima Dach.

die blaue Plane höhlenartig über die Köpfe halten

„Cool, ihr habt eine Trommel mitgebracht!", freut sich Hiro. „Wollen wir trommeln?"

Klar, wollen die Mädchen trommeln! Und gemeinsam mit den Jungs wird das ein richtig gutes Trommelkonzert in der blauen Picknickhöhle.

ggf. zum Ausklang gemeinsames Trommelkonzert mit Trommeln, Dosen, Stäbchen

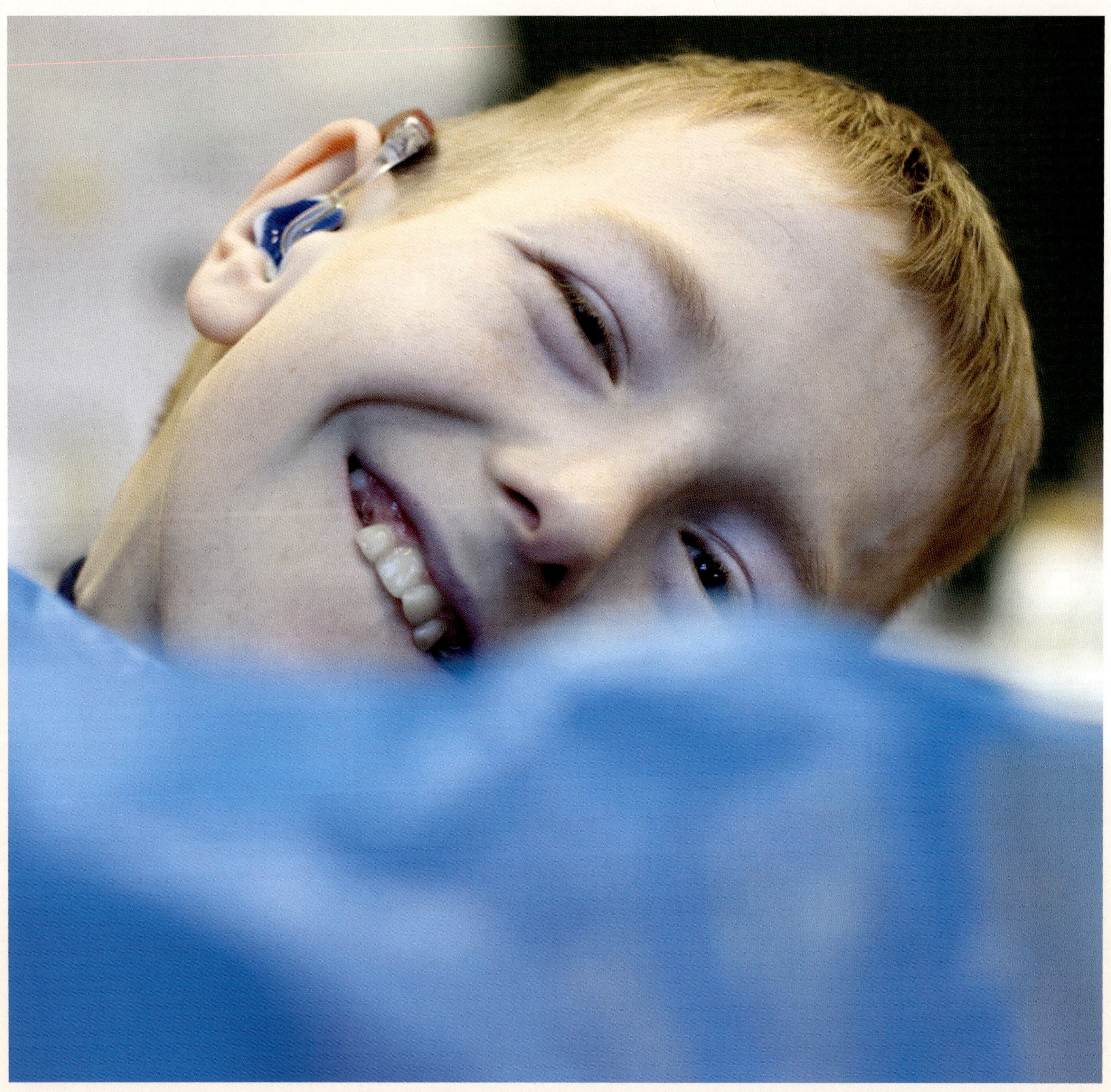

Ideenkiste

Bei einer Geschichte zu dem Land, in dem Reis eines der wichtigsten Grundnahrungsmittel ist, bietet sich eine mit (ungekochtem) Reis gefüllte Sensorikkiste an, die mit unterschiedlichen japanisch anmutenden Materialien gefüllt werden kann, beispielsweise mit japanischen Püppchen oder Anime-Figürchen, Blüten, Cocktailschirmchen, kleinen Schälchen, Essstäbchen, Origamifiguren und dergleichen mehr.

Auch im künstlerischen Bereich gibt es eine Vielzahl unterschiedlicher Ideen und Möglichkeiten. Passend zur Geschichte kann ein auf Pappe oder Leinwand aufgemalter Zweig mit Blüten aus zerknülltem Seidenpapier bestückt werden – eine schöne Bastelarbeit, die gut grobmotorisch ausgeführt werden kann. Weitere kreative Aktionen könnten das Basteln und Gestalten von Fächern sein, kleine Basteleien im japanischen Zakka-Stil, Tape Art mit Washitape, die Herstellung von Kokeshi-Püppchen aus Papier(-rollen) und natürlich Origami in allen Varianten. Sehr bewegend ist in diesem Zusammenhang auch die Legende der Tausend Kraniche und die damit verbundene Geschichte des Mädchens Sadako Sasaki.

Auch das in Japan beliebte Trommeln lässt sich noch über die Geschichte hinaus weiterverfolgen. Von großen Trommeln bis hin zu kleinen Zimbeln lässt sich alles gemeinsam spielen. Mit etwas Geschick kann eine japanische Rasseltrommel aus Papprolle, Rundholz und Co. gebaut werden.

In einer kognitiv orientierten Lerngruppe bietet die Geschichte Japans zahlreiche spannende Aspekte – von der Zeit der Samurai bis hin zu den tragischen Ereignissen von Hiroshima, Nagasaki und Fukushima.

Afrika (Nord):

Sahara – Durch die Wüste

Didaktischer Kommentar

Kein klar abgegrenztes Land, sondern der länderübergreifende Bereich der Wüste Sahara im Norden Afrikas steht im Fokus dieser Aktionsgeschichte.

Achmed, ein Beduinenjunge, der mit seiner Familie in der heißen Sahara lebt, langweilt sich. Er hat sich mit seiner Freundin Samiha, die in einer benachbarten Oase wohnt, zerstritten. Ein Ausritt auf seinem Dromedar, das beinahe von einer Schlange gebissen wird, führt ihn schließlich zu der Oase seiner Freundin, die ihn – obwohl sich beide noch etwas unwohl miteinander fühlen, zu einem Minztee einlädt. Beide beschließen, ihren Streit in Form eines Steines im warmen Sand zu begraben. Bei Tee und Musik lassen sie den Tag gemeinsam ausklingen, bevor Achmed zu seinem Zelt zurückreitet und unter dem leuchtenden Sternenhimmel einschläft.

Auf der Beziehungsebene stehen die Themen Freundschaft und Konflikt im Mittelpunkt und bieten zahlreiche Beschäftigungs- und Vertiefungsmöglichkeiten. Fragen wie „Wer ist meine Freundin/ Wer ist mein Freund – und warum eigentlich?“, „Was ist mir wichtig an einer Freundschaft?“, „Was unterscheidet Freunde von Familienmitgliedern?“ und viele ähnliche mehr können diesen Themenkomplex näher beleuchten. Zum Bereich Konfliktbewältigung können beispielsweise Fragestellungen wie das in der Geschichte offene „Worüber kann man streiten“ ebenso wie die angedeuteten Fragen „Welche Gefühle hast du, wenn du streitest?“ und „Wie kann man einen Streit beenden?“ besprochen werden.

Als Kernvokabular werden die Wörter „gut“ (47) und „gehen“ (30) geübt.

Material

- BAG Grundausstattung (BIGmack, Step-by-Step, PowerLink mit Taster)
- Wärmelampe oder Wärmepack
- Schüssel oder Kiste
- Sand
- Gummischlange oder dicke, lange Nudel oder Weingummischlange (ggf. in Sandschüssel)
- Föhn
- Minztee
- ein Stängel frische Minze pro Person
- Stein
- CD/MP3 mit orientalischer Musik und entsprechendes Abspielgerät
- Kühlpack
- Lichterkette

Vorbereitung

- Materialien (s. o.) bereitlegen
- Rotlicht und Föhn an PowerLink samt Taster anschließen
- Sand in Schüssel oder Kiste füllen
- wenn möglich: Sand aufwärmen (Rotlicht, Backofen oder Mikrowelle)
- ggf. Schlange in zusätzlicher Sandkiste oder -schüssel verstecken
- Step-by-Step besprechen mit:
  „Geh, Lana! Hühja, Lana! Gut, Lana!"
- BIGmack besprechen mit:
  „Hallo Achmed, schön, dass du mich besuchst! Möchtest du einen Tee mit mir trinken?"
- Minztee kochen und abkühlen lassen
- frische Minze waschen und trockentupfen
- Minztee in Becher füllen
- Stein aufwärmen (z. B. mit Wärmflasche, Rotlicht, Backofen oder Mikrowelle)
- Kühlakku bzw. Kühlpack kühlen
- Lichterkette ggf. im Geschichtenverlauf anstelle des Föhns oder Rotlichts an PowerLink anschließen

Alternative ohne Elektronik

- Wärmelampe durch Wärmflasche ersetzen
- Step-by-Step durch Symbol oder Gebärde ersetzen
- Wind mit Pappe statt Föhn erzeugen
- Lichterkette durch auf schwarzem Stoff liegende, weiße Glitzersteine oder durch auf schwarze Pappe geklebte Glitzersteine ersetzen

Sahara – Durch die Wüste

Heute erzähle ich euch von dem Jungen Achmed. Achmed lebt mit seiner Familie an einem ganz besonderen Ort. Achmed lebt in der Wüste! Die Wüste, in der er lebt, heißt „Sahara". Dort ist es sehr, sehr heiß.

Wärmelampe per PowerLink mit Taster bedienen lassen

In der Wüste wachsen nur wenige Blumen und Pflanzen.

Aber es gibt sehr viel Sand.

Sandkiste oder -schüssel anreichen

Mit dem Auto kann man nicht gut durch den Sand fahren. Aber Achmeds Familie hat einige Dromedare. Das sind Kamele mit nur einem Höcker. Achmeds Dromedar heißt Lana.

Heute langweilt sich Achmed. Er würde gerne auf seinem Dromedar Lana durch die Sahara reiten. Seine Freundin Samiha möchte er besuchen. Aber Achmed und Samiha haben sich gestritten. Da will er jetzt nicht hin. Egal, dann reitet er eben nur so ein bisschen durch die Wüste. Achmed steigt auf den Rücken seines Dromedars und ruft:

Step-by-Step auslösen lassen

„Geh, Lana! Hühja, Lana! Gut, Lana!"

Lana trabt mit Achmed durch die Wüste.

Achmed reitet über einen großen Sandberg. Solche Sandberge heißen „Dünen". Da! Da bewegt sich etwas im Sand! Eine Schlange!

Gummischlange oder Nudelschlangen (ggf. in einer Schüssel mit Sand versteckt) anreichen

Oh, nein! Die Schlage kriecht dicht vor Lanas Hufen herum. Die Schlange darf Lana nicht beißen! Achmed treibt Lana zum Galopp an und ruft:

Step-by-Step auslösen lassen

„Geh, Lana! Hühja, Lana! Gut, Lana!"

Der Wüstenwind weht heiß um Achmeds Nase.

Föhn per PowerLink mit Taster bedienen lassen

Jetzt darf Lana wieder langsam gehen. Die Hitze und der Wind machen ganz schön durstig. Oh – was ist denn das? In der Ferne sieht Achmed etwas grün leuchten. Das ist ja eine Oase! Dort gibt es Wasser und einige grüne Palmen – mitten in der Wüste. Zelte aus Tüchern und Teppichen stehen zwischen den Palmen. Sogar ein paar kleine Häuser aus hellen Lehmziegeln gibt es dort. Oh nein! Das ist ja die Oase, in der Samiha lebt! Eigentlich wollte Achmed ja gar nicht zu ihr. Aber irgendwie ist er auf Lana dann wohl doch direkt zu Samihas Oase geritten. Das hat er bei der Aufregung wegen der Schlange gar nicht bemerkt. Naja, dann wird er wohl doch Samiha besuchen. Wieder treibt Achmed Lana an:

Step-by-Step auslösen lassen

„Geh, Lana! Hühja, Lana! Gut, Lana!"

Samiha sieht Achmed. Sie ist etwas überrascht von seinem Besuch. Sie hatten sich doch gestritten! Aber Samiha freut sich trotzdem, Achmed zu sehen. Sie ruft:

BIGmack auslösen lassen

„Hallo Achmed, schön, dass du mich besuchst! Möchtest du einen Tee mit mir trinken?"

Samiha und Achmed trinken gemeinsam ein Glas Minztee.

Tee und frische Minze anreichen

Ein bisschen fühlen sich die beiden komisch beim Teetrinken. Wegen des Streits. Aber dann hat Achmed eine Idee. Er greift nach einem schönen, glatten Stein.

vorgewärmten Stein anreichen

„Guck mal" sagt Achmed, „das ist unser Streit! Den nehme ich jetzt, und dann vergraben wir ihn gemeinsam im Sand!" „Das ist gut", findet Samiha, „dann begraben wir jetzt gemeinsam diesen doofen, alten Streit!"

Stein in Sandkiste bzw. -schüssel „vergraben"

Jetzt fühlen sich Samiha und Achmed nicht mehr so komisch. Sie trinken weiter Tee, unterhalten sich und hören Musik dazu.

CD mit leiser, orientalischer Musik einschalten

Lana trinkt nichts, denn ein Dromedar braucht nicht viel zu Trinken.

Bevor es dunkel wird, verabschiedet sich Achmed von Samiha. Er reitet auf Lana zurück zu seiner Familie.

Step-by-Step auslösen lassen

„Geh, Lana! Hühja, Lana! Gut, Lana!"

Zum Glück begegnen sie auf dem Rückweg keiner Schlange mehr.

Am Abend wickelt sich Achmed in seine Decken. Die Nacht in der Wüste wird sehr, sehr kalt.

Kühlpack anreichen

Der Nachthimmel in der Wüste ist besonders schön. Am Himmel leuchten tausende von Sternen.

Lichterkette per PowerLink mit Taster einschalten lassen

Es war doch noch ein schöner Tag, denkt Achmed. Er kuschelt sich auf sein Kissen und schläft ein.

Ideenkiste

Die Sahara ist bei all ihrer vermeintlichen Kargheit ein faszinierender Lebensraum, der sich, ausgehend von dieser Geschichte, gemeinsam erforschen lässt. Die verschiedenen Arten von Wüstentiere, die Anpassungen von Mensch, Pflanze und Tier an einen Lebensraum voller Extreme, die Lebensweise der Beduinen und das Phänomen des besonders klaren und hellen Sternenhimmels mit seinen vielen Sternbildern können gemeinsam erkundet werden. Auf basaler Ebene bietet sich auch hier eine Sensorikkiste an, die ja in etwas vereinfachter Form im Rahmen der Geschichte bereits zum Einsatz kommt. Wüstentiere aus Kunststoff, wie zum Beispiel Schlange, Skorpion, Käfer oder Maus, Steine und trockene, kleine Zweige könnten mit Händen und Füßen erfühlt und erforscht werden. Für Science-Fiction-Fans kann eine Sensorikkiste mit den entsprechenden Figuren und Sci-Fi-Elementen bestückt werden – schließlich wurden einige der bekanntesten Weltraumfilme teilweise in Südtunesien gedreht.

Haptisch interessant ist auch die Beschäftigung mit kinetischem Sand (s. Kapitel 3) oder die Beschäftigung mit feuchtem Ton, aus dem beispielsweise Lehmhäuschen oder kleine Schüsseln hergestellt werden können.

Ergänzt man diese Materialien mit dem alten Teppich aus dem Keller, der Yucca-Palme aus dem Flur und einigen bunten Tüchern und Kissen, lässt sich eine (fast) komplette, kleine Oase nachstellen.

Nicht nur zu den Themen Konflikt und Freundschaft bietet der Text Gesprächsimpulse, auch Punkte wie gemeinsame Freizeitgestaltung, Rituale (wie im Text das Teetrinken) und die Frage nach unterschiedlichen musikalischen Vorlieben können angesprochen werden.

Auch ein orientalischer Tüchertanz, der als tastergesteuerter Stopp-Tanz durchgeführt werden kann, bietet sich für eine gemischte Lerngruppe an.

Für fast alle Niveaustufen gibt es unterschiedlichste Dokumentationen und Bücher zum Thema Wüste, mit denen man sich beschäftigten kann. Auch die genaue Betrachtung von Sprichwörtern lässt sich, ausgehend von der Aktionsgeschichte, betreiben: Einen Streit begraben, jemanden in die Wüste schicken, jemandem Sand in die Augen streuen etc.

Natürlich gibt es darüber hinaus noch die nordafrikanische Küche, die mit ihrer Vielfalt unterschiedlicher Gewürze und süßem Honiggebäck lockt.

Afrika (Süd):
Afrikanisches Festmenü

Didaktischer Kommentar

Im südlichen Afrika, in Sansibar, leben Lena, ein Mädchen mit europäischem Familienhintergrund und ihre Freundin Neyla, deren Familie seit mehreren Generationen in Afrika lebt.

Neylas großer Bruder besucht die Familie, was mit einem leckeren Essen gefeiert werden soll. Auch Lena darf bei den Vorbereitungen mithelfen und an dem Familienessen teilnehmen.

Als die Großmutter feststellt, dass ihr für die traditionellen afrikanischen Gewürzkekse, die als Nachtisch gereicht werden sollen, eine wichtige Zutat fehlt, ist es Lena, die die afrikanischen Plätzchen kurzerhand in Spekulatiuskekse verwandelt und so ihren ganz eigenen Anteil zum afrikanisch-europäischen Festmahl beiträgt.

Das Miteinander verschiedener Kulturen, das Pflegen eigener kultureller Traditionen und das Entstehen neuer, kultureller Verflechtungen bieten Ansatzpunkte für eine mögliche Vertiefung auf der Beziehungsebene.

Kernvokabularwörter, die eingeführt bzw. gefestigt werden können, finden sich in dem Satz „Warte (67), bitte (53)! Ich (1) gebe (68) sie (85) dir (70)!“ und in dem wiederholten „Nein“ (12).

Material

- BAG Grundausstattung (BIGmack, Step-by-Step, PowerLink mit Taster)
- Wärmelampe
- Getrocknete Bohnen
- Chiffontuch
- Nelken
- Frischer Ingwer
- Muskatnuss
- ein Schälchen pro Gewürz (alternativ: Gewürze in Chiffontuch o. Ä. verknoten)
- eine oder mehrere Trommeln, welcher Art auch immer

Vorbereitung

- Materialien (s. o.) bereitlegen
- Step-by-Step besprechen mit: „Warte, bitte! Ich gebe sie dir!"
- BIGmack besprechen mit: „Nein, nein, nein!"
- Wärmelampe an PowerLink samt Taster anschließen
- getrockneten Bohnen in ein Chiffontuch einknoten
- Ingwer schälen und in Stücke schneiden
- Gewürze in Schälchen füllen

Alternative ohne Elektronik

- Gebärden oder Symbole anstelle des Step-by-Step einsetzen
- Wärmflasche anstelle der Wärmelampe einsetzen

Afrikanisches Festmenü

Neyla und Lena leben in Afrika. Sie leben in einem Land namens Tansania. In Tansania scheint fast immer die Sonne. Oft ist es sehr heiß dort.

Wärmelampe per PowerLink mit Taster bedienen lassen

Neyla und Lena sind die besten Freundinnen, obwohl die beiden ganz unterschiedlich aussehen. Neyla ist groß und schlank. Ihre Haut ist ganz dunkel. Neylas Familie hat immer schon in Afrika gelebt. Lena ist klein und rundlich. Lenas Haut ist sehr hell. Das kommt daher, weil ihre Eltern früher in Europa gelebt haben.

Lena verbringt den Tag bei Neyla und ihrer Familie. Sie darf heute sogar bei Neyla übernachten. Neylas großer Bruder wird am Abend zu Besuch kommen. Darum soll es ein besonderes Festessen geben. Neylas Oma wird es gleich vorbereiten. Die Oma kann sehr leckeres, afrikanisches Essen kochen. Ein Festmenü soll es werden: mit Vorspeise, Hauptgericht und sogar Nachtisch!

Bis es soweit ist, spielen Lena und Neyla vor dem Haus ein Spiel. Kalaha heißt es. Das ist ein afrikanisches Spiel. Die Spielsteine sind getrocknete Bohnen. Das Spielfeld ist ein Holzbrett mit kleinen Mulden. Lena hat ihre eigenen Bohnen in einem Säckchen mitgebracht. Die bringen ihr Glück, meint sie.

Chiffontuch mit getrockneten Bohnen anreichen

Neyla hat ihre Spielbohnen in ihrem Zimmer vergessen. Lena springt auf und ruft:

Step-by-Step auslösen lassen

„Warte, bitte! Ich gebe sie dir!“

Schnell flitzt sie los. Kurz darauf kehrt sie mit Neylas Spielbohnen zurück.

Neyla hat in der Zwischenzeit einen Krug mit Milch aus der Küche geholt. Lena und Neyla freuen sich. Die beiden trinken sehr gerne Milch. Hmm, lecker!

Dann wird gespielt. Neyla gewinnt beim Kalaha-Spiel. Lena ärgert sich ein bisschen. Sie schimpft:

BIGmack auslösen lassen

„Nein, nein, nein!“

Aber Lena hat gar keine Zeit, um sich weiter zu ärgern, denn Oma ruft: „Neyla, Lena, ich werde jetzt kochen. Möchtet ihr mir helfen?“ Klar wollen die beiden helfen! Denn heute gibt es nach der Maissuppe, die die Vorspeise sein wird, Neylas

Lieblingsessen: einen leckeren Reisbrei, der Milie Pap heißt. Dazu gibt es Chakalaka-Gemüse aus Möhren, Bohnen, Kohl, Tomaten, Paprika und Zwiebeln. Und als Nachtisch will Oma Soetkoekies backen. Das sind kleine, afrikanische Gewürzkekse. Neyla und Lena trinken noch schnell die Milch aus. Dann flitzen sie ins Haus. Oma will gerade den Keksteig vorbereiten. Mehl, Backpulver, Butter und Eier liegen schon bereit.

„Als nächstes brauche ich Nelken", erklärt Oma.

Neyla sagt:

Step-by-Step auslösen lassen

„Warte, bitte! Ich gebe sie dir!"

Neyla bringt ihrer Oma die Nelken.

Nelken anreichen

„Jetzt brauche ich Ingwerstücke", sagt Oma.

Lena ruft:

Step-by-Step auslösen lassen

„Warte, bitte! Ich gebe sie dir!"

Lena holt die Ingwerstücke.

Ingwerstücke anreichen

„Bringt mir bitte die Muskatnuss", bittet Oma.

Neyla sagt:

Step-by-Step auslösen lassen

„Warte, bitte! Ich gebe sie dir!"

Neyla bringt Oma die Muskatnuss.

Muskatnuss anreichen

„Und jetzt brauche ich noch etwas Milch!", sagt Oma.

Oh nein! Die Milch! Neyla und Lena haben die Milch doch ausgetrunken! „Oma, es tut mir leid, aber es ist keine Milch mehr da!" Oma schimpft:

BIGmack auslösen lassen

„Nein, nein, nein!"

Oma jammert: „Es ist keine Milch mehr da? Dann kann ich den Plätzchenteig nicht fertig machen! Ohne Milch können wir keine Soetkoekies backen!" Oh, nein! Das ist ja schade! Neyla und Lena hatten sich doch schon so auf das gemeinsame Backen gefreut! Und Oma auch. „Alle Zutaten habe ich", grummelt Oma, „Mehl, Butter, Eier, Backpulver, Nelken, Ingwer, Muskatnuss. Alles ist da. Nur die Milch fehlt. Ohne Milch können wir keine Soetkoekies backen!" Da hat Lena eine Idee! „Hey", ruft sie, „weißt du was? Das sind genau die Zutaten, die man für ein Spekulatiusrezept braucht! Wenn du möchtest, könnten wir Spekulatiuskekse backen! Dann gibt es heute ein afrikanisches Hauptgericht und zum Nachtisch europäische Spekulatiuskekse!"

„Hm“, brummt Oma, „warum eigentlich nicht? Dann mach mal!“

Gemeinsam kochen und backen Lena, Neyla und Oma. Am Abend gibt es dann ein richtig leckeres Festessen. Neylas Bruder mag die Spekulatiuskekse sehr gerne. „Sind noch welche übrig?“, fragt er. „Ich würde später gerne ein paar Kekse mit nach Hause nehmen!“ Oma lächelt und sagt:

Step-by-Step auslösen lassen

„Warte, bitte! Ich gebe sie dir!“

Als alle aufgegessen haben, singen sie gemeinsam einige afrikanische Lieder. Sie trommeln und tanzen dazu.

Trommeln anreichen, ggf. gemeinsam singen und tanzen

Es ist schon sehr, sehr spät, als Neyla und Lena endlich ins Bett gehen und einschlafen. Schön war es heute! Und lecker!

Ideenkiste

Obwohl Afrika ein in großen Bereichen karges Land ist, kommen von dort viele köstliche Nahrungsmittel und Gerichte, die die Wahrnehmung im gustatorischen Bereich köstlich stimulieren. Südfrüchte wie Mangos, Datteln, Bananen, Orangen etc. lassen sich in ihrer natürlichen Form wie auch als Fruchtmus bzw. Saft verköstigen. Maisbrei und Maissuppe stellen ebenfalls traditionelle Nahrungsmittel dar, die ohne anstrengende Kauarbeit gegessen werden können. Als Getränke bieten sich Kokosmilch und Kokosdrinkvarianten an, die in der Drogerie oder im Supermarkt erhältlich sind.

Die zu Tansania gehörige Insel Sansibar wird auch die Nelkeninsel genannt. Mit Nelken gespickte Orangen, Gewürzbilder aus aufgeklebten Nelken, Lorbeerblättern, Sternanis etc. bieten sich hier als duftende Bastelarbeiten an.

Das in der Geschichte erwähnte Bohnenspiel Kalaha, das auch als Oware bekannt ist, lässt sich mit Eierkartons nachbasteln und spielen. Hat man die Möglichkeit mit Ton zu arbeiten, lässt sich auch daraus eine Spielbrettvariante darstellen, bei der die Mulden mit Faustabdrücken in den feuchten Ton modelliert werden und die Spielsteine als kleine Tonkügelchen in den Händen geformt werden, was interessante Wahrnehmungsanreize bieten kann.

Deutliche Wahrnehmungsimpulse ergeben sich auch bei dem Erstellen von Gipsmasken, die dann im afrikanischen Stil bemalt und gestaltet werden können.

Trommelmusik bildet einen festen Bestandteil im afrikanischen Alltag. Auch hier bieten sich viele Aktionsmöglichkeiten, vom Erstellen von Blumentopftrommeln über Bodypercussion bis zum Trommelkonzert auf gesammelten Trommeln, Kochtöpfen und Co.

Differenziert können als kognitivorientiertes Leistungsangebot die vielfältigen politischen und sozialen Besonderheiten des Landes, historische wie aktuelle, behandelt werden.

Zum Abschluss des Afrikathemas könnte auch ein gemütliches Essen im afrikanischen Stil angeboten werden: Auf dem Boden sitzend und mit den Fingern essend.

Australien:
In der Glühwürmchenhöhle

Didaktischer Kommentar

Zwischen Traum und Realität bewegt sich diese Aktionsgeschichte, die mit einer angedeuteten Traumzeiterzählung eines Aborigine endet:

Während seiner Ferien in Australien entdeckt Jonas Malereien der Aborigines auf einem Felsen. In einem Anflug von kreativem Übermut bemalt er diesen Felsen. In der darauf folgenden Nacht träumt Jonas von einem Glühwürmchen, das ihn zu einer geheimnisvollen Höhle führt. Ein alter Geschichtenerzähler der Aborigines wartet dort auf ihn, um ihm von der Bedeutung des bemalten Felsens zu erzählen. Im Traum bekommt Jonas eine Zauberfeder geschenkt, mit der er seine eigene Malerei von dem Felsen entfernen soll. Als er erwacht, liegt tatsächlich diese Feder neben ihm. Jonas macht sich auf, um sein Bild mit der Feder wegzuzaubern…

Respekt, Wertschätzung und Achtung vor der Kultur der Anderen sind die Kernelemente der Beziehungsebene dieser Geschichte, die nicht nur in Reisesituationen, sondern auch für das Zusammenleben in den kulturell immer vielschichtiger werdenden europäischen Ländern enorm wichtig sind. Auch erzählte oder (vor-)gelesene Erzählungen, Mythen und Sagen, die die Kultur und Geschichte der jeweiligen Länder oder Regionen aufgreifen, stellen hierzu effektive und kurzweilige Mittel dar.

Geübt werden können in dieser Geschichte die Kernvokabularwörter kommen (23), nur (74), mit (39), und (16) sowie mir (40).

Materialliste

- BAG Grundausstattung (BIGmack, Step-by-Step, PowerLink mit Taster)
- Wärmelampe oder Wärmflasche
- CD mit Vogelgezwitscher, alternativ Sounddatei mit entsprechendem Ausgabegerät
- Pinsel
- Knicklicht (türkisfarben) oder kleine Taschenlampe bzw. Lichterkette, in türkisfarbenem Transparentpapier gewickelt
- Eukalyptusöl
- Feder
- Föhn

Vorbereitung

- Materialien (s. o.) bereitlegen
- Wärmelampe und Föhn an PowerLink samt Taster anschließen oder Wärmflasche mit heißem Wasser befüllen
- Step-by-Step mit rhythmischem Singsang besprechen:
  „Komm mit, komm nur mit, komm und folge mir!"

Alternative ohne Elektronik

- Wärmflasche anstelle der Wärmelampe einsetzen
- Anstelle der Lichterkette türkisfarbene Knicklichter einsetzen
- Wind mit Pappe statt Föhn erzeugen
- Anstelle der CD eine Vogelpfeife einsetzen

In der Glühwürmchenhöhle

In diesem Jahr macht Jonas einen ganz besonderen Winterurlaub. Er reist aus dem verschneiten Deutschland in den Sommer! Nach Australien! Jonas und seine Familie packen die Koffer. Farbkasten und Pinsel packt Jonas auch ein. Jonas malt sehr gerne. Jonas und seine Familie fahren zum Flughafen. Es ist ein wirklich kalter Winter in diesem Jahr! Alles fühlt sich draußen eisig kalt an.

Kühlpack anreichen

Gut, dass es im Flugzeug gemütlich warm ist! Jonas und seine Eltern müssen viele, viele Stunden lang mit dem Flugzeug fliegen. Einmal um die halbe Welt. Auf der anderen Seite der Erdkugel, in Australien, ist es gerade Sommer. Als Jonas aus dem Flugzeug aussteigt, weht ihm ein heißer Sommerwind durch das Haar.

Föhn per PowerLink mit Taster bedienen lassen

Vom Winter in den Sommer zu reisen, das ist fast schon ein bisschen wie Zauberei, findet Jonas.

Jonas und seine Eltern haben Zelte mitgenommen. Die Zelte bauen sie auf einem australischen Campingplatz auf. Der Zeltplatz liegt mitten im Wald. Jonas hört viele Vögel zwitschern.

CD starten

Jonas schnuppert. Dieser australische Wald riecht ganz anders, als der Wald zu Hause.

Eukalyptusöl anreichen

Jonas nimmt Papier, seinen Pinsel und seine Wasserfarben und malt ein Bild vom Wald.

Auf einem roten Felsen sieht Jonas Bilder von weißen Handabdrücken und lustigen Kängurus. „Das sind ganz alte, kostbare Bilder", erklärt sein Vater begeistert. „Das sind echte Kunstwerke!" Jonas denkt: „Kostbare Kunstwerke – so ein Quatsch! Das sind doch nur Handabdrücke auf einem Felsen! Sowas kann ich auch malen!"

Und das macht er dann auch heimlich: Als niemand hinsieht, pinselt Jonas weiße Farbe auf seine Hand.

mit dem Pinsel über die Handflächen streichen

Dann drückt er seine weiße Hand auf den roten Felsen. Jetzt ist sein Handabdruck auch darauf. „Ha!", lacht Jonas. „Jetzt ist das ein Kunstwerk! Mein Kunstwerk!"

Inzwischen ist es Abend geworden. Zeit zum Abendessen. Zeit zum Schlafen. Jonas legt sich in sein Zelt und schläft ein. Aber was ist das? Ruft ihn da jemand? Singt da nicht irgendwer ein seltsames Lied?

Step-by-Step auslösen lassen

„Komm mit, komm nur mit, komm und folge mir!"

„Nein", murmelt Jonas, „ich komme nicht mit. Ich bin zu müde!" Jonas sieht ein kleines Licht im Dunkel leuchten. Das Licht bewegt sich!

einzelnes Knicklicht oder kleine Taschenlampe anreichen und „tanzen" lassen

Das gibt es ja nicht! Das ist das Licht eines Glühwürmchens! Wie kommt denn das Glühwürmchen in sein Zelt?

Und da ist auch wieder das Lied!

Step-by-Step auslösen lassen

„Komm mit, komm nur mit, komm und folge mir!"

Das Glühwürmchen tanzt vor Jonas durch die Luft. Vielleicht will das Glühwürmchen Jonas irgendwo hin führen? Jetzt ist Jonas doch neugierig. Er steht auf und folgt dem Glühwürmchen. Aus dem Zelt hinaus tanzt es, quer über den dunklen Campingplatz. Wo es ihn wohl hinführt? Weiter und weiter fliegt das Glühwürmchen. Es fliegt hinein in den Wald. Immer weiter und tiefer in den Wald fliegt es. Da! Eine Höhle! Eine hell erleuchtete Höhle! Viele, viele Glühwürmchen sind in dieser Höhle. Hier leuchten sie besonders hell.

Lichterkette per PowerLink mit Taster bedienen lassen

In der Mitte der Höhle steht ein alter Mann. Er sieht sehr freundlich aus. Dieser Mann ist es, der das seltsame Lied singt.

Step-by-Step auslösen lassen

„Komm mit, komm nur mit, komm und folge mir!"

Der alte Mann spricht: „Jonas! Die Bilder auf dem Felsen, die du heute gesehen hast, sind viele hundert Jahre alt. Sie erzählen uralte Geschichten. Du darfst nicht darauf malen! Hier – nimm diese Zauberfeder. Berühre damit dein Bild auf dem Felsen. Dann wird es verschwinden. Als Dank werde ich morgen zu dir kommen und dir unsere Geschichten erzählen!"

Ein Geräusch weckt Jonas. Er hat geschlafen! Er hat geträumt! Er war gar nicht in der Glühwürmchenhöhle! Es war nur ein Traum. Jonas will sich wieder einkuscheln, um weiter zu schlafen, doch irgendetwas kitzelt ihn an der Wange.

mit Federn gegenseitig kitzeln

Es ist die Zauberfeder, die ihn gekitzelt hat! Die Feder ist wirklich da. Dann war das mit der Höhle und dem alten Mann wohl doch kein Traum?

Noch im Schlafanzug klettert Jonas blitzschnell aus dem Zelt. Die Sonne geht auf. Es wird langsam hell. Mit der Feder in der Hand rennt Jonas zum Felsen. Er streicht mit der Feder über sein Bild und... wirklich: es verschwindet! Zauberei! Zauberfeder! Zauberfelsen! Jonas staunt! Hier wird er nie wieder etwas draufkritzeln, das ist ja wohl klar!

Jonas rennt zurück zum Zeltplatz.

Als er näher kommt,
hört er ein Lied.

Step-by-Step auslösen lassen

„Komm mit, komm nur mit,
komm und folge mir!"

Jonas Eltern sitzen vor ihrem Zelt.
Bei ihnen sitzt – der alte Mann
aus der Glühwürmchenhöhle!

Wir haben Besuch, ruft Mama. Der Herr ist ein Aborigine, ein Ureinwohner Australiens. Und er kann ganz spannende Geschichten erzählen! Jonas setzt sich dazu. Der alte Mann erzählt eine tolle Geschichte nach der anderen. Er erzählt von Bildern, von Kängurus, von der Entstehung neuer Welten. Er erzählt von Träumen.

Jonas hat übrigens nie
wieder irgendwo hingemalt,
wo er nicht durfte.

Ideenkiste

Im künstlerischen Bereich bieten sich natürlich die in der Geschichte erwähnten Kunsttechniken der Aborigines zur kreativen Weiterarbeit an: Handabdruckbilder, bunte Bilder in „Wattestäbchentupftechnik“ oder auch das Schminken(lassen) der Gesichter oder Hände im Aboriginal-Stil stellen einige mögliche Aktivitäten dar. Produktorientiert können gemeinsam Regenmacher und Perkussionsinstrumente gebastelt, Webbilder oder Schmuckstücke mit Naturmaterialien hergestellt und natürlich Traumfänger gestaltet werden.

Die besondere Tierwelt Australiens mit ihren Kängurus, Wombats, Koalas, Emus, Schnabeltieren und Possums bietet Anregungen für Bewegungsspiele, Tierkunde und unterschiedlichste Mal- und Basteltätigkeiten.

Mit rot eingefärbtem, kinetischem Sand (oder alternativ mit ungekochtem, rotem Reis) lässt sich die australische Wüstenlandschaft nachgestalten. Ein größerer roter Stein (ggf. aus Pappmaché) repräsentiert den Ayers Rock. Ergänzt durch Spielzeugtiere wie Känguru, Koalabär oder Wellensittich, einige mit Eukalyptusöl beträufelte (Lorbeer-)Blätter, Stöckchen und Steinchen entsteht eine australische Mischlandschaft in der Sensorikkiste.

Mit einem Vegetationsumfeld vom Regenwald bis zur Wüste bieten sich unterschiedlichste Möglichkeiten für eine landeskundliche Fortführung des Australienthemas. Als Differenzierungsmöglichkeit im Fachbereich Geschichte bietet sich das Thema der Kolonialisierung an, das eng verknüpft ist mit dem in der Aktionsgeschichte eingeflochtenen Thema „Respekt und Achtung vor anderen Kulturen“.

Fester Bestandteil der australischen Kultur und wärmstens zum Nachmachen empfohlen ist das amerikanische Barbecue. Weiche Alternativen zu festen Fleischgerichten können beispielsweise weichkochende Folienkartoffeln oder auch Süßkartoffeln, gegrillter Hokkaidokürbis und – als Nachspeise – gegrillte Bananen bieten.

Antarktis:
Wettlauf zum Südpol

Didaktischer Kommentar

Oft vernachlässigt, aber für eine basale Umsetzung durchaus spannend, ist der Kontinent Antarktis. Mit seinen extremen Bedingungen liefert er mehrere sehr schöne Wahrnehmungsmöglichkeiten, die in der Geschichte nacherlebt werden können.

Besonders beliebt ist dabei erfahrungsgemäß die Beschäftigung mit gefrorenem Wasser. Lässt man das Wasser in einer Schale gefrieren, wird es sich im Laufe des Geschichtenerzählens mehr und mehr lösen, bis es als solide, kalte Eisfläche aus der Schale herausgenommen und mit Händen, Gesicht oder Mund erfühlt werden kann. Die Versuchung, die Eisfläche mit dem Mund zu erkunden, ist bei den Zuhörenden oftmals groß. Möchte man eine orale Erkundung zulassen, wird pro Person jeweils ein einzelnes Eisschälchen benötigt. Das Eis wird an mehreren Stellen der Geschichte erwähnt und kann wiederholt angeboten werden.

Die Rahmenhandlung für die Geschichte bildet der Wettlauf zum Südpol zwischen dem Engländer Scott und dem Norweger Amundsen (1912).

Auf der Beziehungsebene steht die Konkurrenzsituation zwischen den beiden Entdeckern im Mittelpunkt. Sich aneinander messen, der oder die bessere sein wollen, Ziele erreichen oder aber nicht erreichen können – dies sind Themen, die auch für Jugendliche bedeutsam sind und vertieft werden können. Auch die Themen Ehrgeiz und Durchhaltevermögen lassen sich in diesem Zusammenhang aufgreifen.

In der Aktionsgeschichte macht sich der Forscher Roald Falcon Scott während der Vorbereitungen und der Expedition selbst Mut mit einigen rhythmischen Kernvokabularwörtern: „Ich (1) schaff‘ das (3) jetzt (22), ich (1) schaff‘ das (3) jetzt (22), gleich (71) hab‘ (5) ich (1) es (32) geschafft!“

Materialliste

- BAG Grundausstattung (BIGMack, Step-by-Step, PowerLink mit Taster)
- Kühlpack
- Schale mit Eis (wahlweise als gefrorene Fläche, als Eiswürfel, als crushed ice)
- Korb
- Heu
- Ventilator
- Elektrischer Massagekäfer o. Ä.
- Handtrommel
- ggf. Luftballon mit Nadel (zum Zerplatzen lassen – bitte nur bei nicht allzu schreckhaftem Publikum einsetzen)
- Stofftuch (wenn verfügbar: norwegische Flagge)

Vorbereitung

- Kühlpack kühlen
- Kunststoffschälchen mit Wasser im Tiefkühler gefrieren lassen oder Eiswürfel gefrieren lassen oder crushed ice kaufen
- Step-by-Step aufnehmen: Pferdegewieher imitieren, Hundegebell imitieren, Brummen eines Motorschlittens imitieren (gerne laut und lustig)
- BIGmack besprechen mit:
  „Ich schaff' das jetzt, ich schaff' das jetzt, gleich hab' ich es geschafft!"
- Heu oder trockenes Gras kaufen oder von Haustierbesitzern besorgen und in den Korb legen
- Ventilator an PowerLink samt Taster anschließen
- Massagekäfer in die umgedrehte Handtrommel hineinsetzen

Alternative ohne Elektronik

- Anstelle des Step-by-Step die Geräusche lautmalerisch vorspielen
- BIGmack durch Symbol oder Gebärde ersetzen
- Anstelle des Ventilators den Wind mit einer großen Pappe erzeugen
- Anstelle des Massagekäfers wahlweise Murmeln, Perlen, Linsen o. Ä. in die Handtrommel füllen

Wettlauf zum Südpol

Heute reisen wir zu einem ganz besonderen Kontinent. Ganz nach unten auf unserer Erdkugel reisen wir. Wir reisen in die Antarktis. Wir reisen zum Südpol, in die Mitte der Antarktis. Aber wir reisen nicht alleine.

Wir begleiten in unserer Geschichte einen ganz besonderen Mann. Vor über hundert Jahren wollte er der erste Mensch sein, der zum Südpol geht. Damals war nämlich noch nie irgendjemand am Südpol gewesen. Denn am Südpol, in der Antarktis ist es sehr, sehr kalt.

Kühlpack anreichen

Die Antarktis ist riesig. Eine riesige, große Fläche aus Schnee und Eis. Da konnte man damals nicht einfach so hin fahren. Auch heute ist das noch nicht einfach. Immer liegt dort Schnee und Eis.

Schale mit Eis anreichen

Wir begleiten jetzt also einen Mann auf seiner Reise zum Südpol. Der Mann heißt Herr Scott. Robert Falcon Scott. Das ist ein englischer Name. Herr Scott ist nämlich Engländer. Als erster Mensch der Welt will er durch die Antarktis bis zum Südpol reisen!

Herr Scott weiß nicht so genau, was man in die eiskalte Antarktis am besten mitnimmt. Also packt er einfach alles Mögliche ein. Hört euch das mal an!

Step-by-Step mit Pferdegewieher, Hundegebell, „Motorgebrumme" auslösen lassen

Das nimmt Herr Scott also alles mit: Ponys, ein paar Hunde mit Schlitten und sogar einige flotte, coole Motorschlitten. Skifahren findet er nicht so schick, deswegen lässt er seine Ski zu hause. Und natürlich braucht er viele, viele Kisten mit Heu. Ponys sind hungrig und am Südpol wächst kein Gras.

Korb mit Heu anreichen

Das ist ganz schön anstrengend, so viele Kisten zu tragen. Aber Herr Scott denkt sich:

BIGmack auslösen lassen

„Ich schaff' das jetzt, ich schaff' das jetzt, gleich hab' ich es geschafft!"

In einem Tagebuch schreibt Herr Robert Scott alles auf, was er auf seiner Reise erlebt.

Herr Scott weiß nicht, dass jemand anders auch gerade loszieht, um den Südpol zu entdecken: Herr Roald Amundsen aus Norwegen. Der braucht ganz dringend viel Geld. Wenn er als erstes den Südpol entdeckt und dann berühmt wird, dann wird er auch viel Geld bekommen. So stellt sich Herr Amundsen das vor. Herr Amundsen nimmt zweiundfünfzig Schlittenhunde mit. Ganz schön viele! Und natürlich packt er auch seine Schlitten ein. Und Ski, weil man damit viel schneller durch den Schnee laufen kann. Außerdem soll ein Skiläufer als Hundeführer voraus fahren. In Norwegen gibt es auch viel Schnee und Eis, deswegen kennt sich Herr Amundsen schon ziemlich gut aus mit diesen Dingen. Er hat vor seiner Reise schon fleißig in Norwegen geübt. Und jetzt fährt er also mit seinen Hundeschlitten durch Schneestürme und eisige Winde Richtung Südpol.

Ventilator mit PowerLink per
Schalter bedienen lassen

Aber Herr Scott merkt, dass auch der Herr Amundsen zum Südpol will. Herr Scott strengt sich mächtig an, um schneller zu sein. Immer wieder spornt er sich an:

BIGmack auslösen lassen

„Ich schaff‘ das jetzt, ich schaff‘ das
jetzt, gleich hab‘ ich es geschafft!"

Das ist ganz schön anstrengend für die Ponys. Anstrengung macht hungrig. Bald haben die Ponys das ganze Heu aufgefuttert. Ohne Futter können sie keine Schlitten mehr ziehen.

Herr Amundsen kommt immer näher und näher.

Aber egal: Herr Scott hatte ja noch seine Motorschlitten dabei! Und Motorschlitten waren schon damals schneller und stärker als Hundeschlitten. Also gibt Herr Scott Gas und flitzt mit lautem Gebrumm über das Eis.

Massagekäfer in Handtrommel anreichen

Herr Scott macht sich Mut:

BIGmack auslösen lassen

„Ich schaff‘ das jetzt, ich schaff‘ das
jetzt, gleich hab‘ ich es geschafft!"

Aber leider gehen seine Motorschlitten schon bald kaputt.

(ggf. Luftballon platzen lassen)

Eine Werkstatt gibt es in der Antarktis, mitten in Schnee und Eis, leider nicht. Herr Scott überlegt, wie er denn jetzt weiterreisen soll. Da überholt ihn lachend Herr Amundsen mit seinen Skiern und mit seinen Hundeschlitten.

Hundeschlitten! Die hat Herr Scott doch auch noch! Schnell spannt er die wenigen Hunde, die bei ihm sind, vor den Schlitten. Aber die Hunde wissen gar nicht, wohin sie rennen sollen. Es läuft ja kein Hundeführer auf Skiern voraus! Das ärgert Herrn Scott so sehr, dass er einfach selber den schweren Schlitten zieht.

Herr Scott läuft und läuft. Er denkt nicht mehr an den Herrn Amundsen. Er läuft weiter und weiter und denkt nur noch:

BIGmack auslösen lassen

„Ich schaff' das jetzt, ich schaff' das jetzt, gleich hab' ich es geschafft!"

Und wirklich schafft er es, bis zum Südpol zu laufen! Bravo, Herr Scott!

Aber was ist denn das? Was sieht er denn da hinten am Südpol? Ein Zelt! Und auf dem Zelt flattert etwas.

Flagge oder Tuch wehen lassen

Als er näher kommt, erkennt er es. Das ist ja Amundsens Flagge! Amundsen ist schon vor ihm da gewesen! Eines seiner Zelte hat er einfach stehen lassen, samt seiner Flagge. Und jetzt ist er schon wieder auf dem Weg nach Hause.

Herr Amundsen hat also den Wettlauf zum Südpol gewonnen. Das macht Herrn Scott sehr traurig. In sein Tagebuch schreibt er noch: „Mir graut vor dem Rückweg". Dann schläft er ein.

Ideenkiste

Die antarktische Eiswelt lässt sich als spürbare Eiswelt in der Sensorikkiste nachbauen: eine Kiste, ein tiefes Tablett oder ähnliches wird mit Eisstücken verschiedener Größen gefüllt, dazu kommt etwas Wasser (und wenn gewünscht einige Tropfen blauer Lebensmittelfarbe). Darin tummeln sich kleine Plastiktiere wie Wale, Kraken, Seehunde/-löwen, Walrosse, Pinguine oder Eisbären (je nachdem, ob der Süd- oder Nordpol dargestellt werden soll). Auch in kleine Eisblöcke eingefrorene Spielfiguren (Fisch, Krake etc.), die sich nach und nach aus dem Eisblock lösen, bieten spannende Wahrnehmungserfahrungen. Weniger eisig sind Sensorikkisten, die mit Wattebäuschen statt Eiswürfeln bestückt sind. Auch mit Rasierschaum lassen sich Eis- und Schneelandschaften nachstellen.

Das Motiv des Hundeschlittenrennens lässt sich auch als Bewegungseinheit mit Rollbrett, Skateboard und Co. umsetzen.

Möchte man sich – unabhängig von der Antarktis – weiter mit solchen eisigen Lebensräumen befassen, bietet sich die Lebensweise der Inuit als mögliches Thema an. Iglus können auf vielfältige Weise und ganz ohne Schnee nachgebaut werden: mit Schwungtuch, als aufwändiges „Recycling-Iglu“ aus leeren Plastikflaschen oder -kanistern, aus Styroporabfällen oder im kleineren Maßstab aus Zuckerwürfeln. Natürlich funktioniert auch ein „Bettlakeniglu“ als gemeinsamer Unterschlupf.

Schlussendlich bieten sich natürlich auch übergreifende Themen wie die globale Erwärmung als komplexer Unterrichtsinhalt an.

In der Geschichte lediglich angedeutet ist das traurige Ende von Robert Falcon Scott, der mit seinem Team die Expedition nicht überlebt. In einer heterogenen Gruppe können die Gründe für das Scheitern seiner Reise differenzierter besprochen werden.

Es gibt zahlreiche Bücher, Hörspiele und filmische Dokumentationen, die sich mit der Entdeckung des Südpols und des Lebensraums Arktis beschäftigten, einschließlich des Tagebuchs von Robert Falcon Scott und des Reiseberichts von Amundsen. Auch diese Materialien können genutzt werden, wenn eine inhaltliche Vertiefung des Themas auf kognitiv anspruchsvoller Ebene stattfinden soll.

Mit Dank an Nanette Müller-Wendland.

Literatur

Ayres, Jean: Bausteine der kindlichen Entwicklung. Berlin: Springer 2002

Bernasconi, Tobias; Böing, Ursula: Pädagogik bei schwerer und mehrfacher Behinderung. Stuttgart: Kohlhammer 2015 (Kompendium der Behindertenpädagogik, Hrsg. V. Heinrich Grevening)

Boenisch, Jens: Kernvokabular im Kindes- und Jugendalter: Vergleichsstudie zum Sprachgebrauch von Schülerinnen und Schülern mit und ohne geistige Behinderung und Konsequenzen für die UK. In: uk&forschung, 4-23; Sonderbeilage Unterstützte Kommunikation 1/2014

Bostelmann, Antje; Fink, Michael: Aktionswannen – Fühlen, Forschen, Begreifen: 30 Lern- und Spielangebote für Krippe und Kindergarten. Berlin: Bananenblau 2013

Bostelmann, Antje; Fink, Michael: Aktionstabletts – Experimente und Spielangebote: 40 Ideen für das Lernen in Krippe und Kindergarten. Berlin: Bananenblau 2015

Böing, Ursula; Kriwet-Silkenbeumer, Diana: Mathe, Deutsch, Musik – Bildungsinhalte für schwerbehinderte Schülerinnen und Schüler? In: Lamers, Wolfgang; Klauß, Theo (Hrsg.): Alle Kinder alles lehren! – Aber wie?, S. 79-92. Düsseldorf: verlag selbstbestimmtes leben 2003

Damag, Annette: Eine Schifffahrt, die ist lustig In: Fröhlich und Freunde (Hrsg.): Bildung – ganz basal – selbstbestimmt leben. Düsseldorf: Verlag selbstbestimmtes leben 2014, S. 153-162

Fornefeld, Barbara: mehr-Sinn® Geschichten. Erzählen – erleben – verstehen. Konzeptband. Düsseldorf: verlag selbstbestimmtes leben 2013

Fröhlich und Freunde (Hrsg.): Bildung – ganz basal. Selbstbestimmt leben. Düsseldorf: verlag selbstbestimmtes leben 2014

Goudarzi, Nicol: Basale Aktionsgeschichten – Erlebnisgeschichten für Menschen mit schwerer Behinderung. Karlsruhe: von Loeper Literaturverlag 2015

Sachse, Stefanie: Kern- und Randvokabular in der Unterstützten Kommunikation. Sprachentwicklung unterstützen, gestalten. In: Birngruber, Cordula; Arendes, Silke: Werkstatt Unterstützte Kommunikation, S. 109-126. Karlsruhe: von Loeper Literaturverlag 2009

Simon, Angela: Prädikat besonders (und) wertvoll! Unterricht in einer heterogenen Lerngruppe. In: Fröhlich und Freunde (Hrsg.): Bildung – ganz basal – selbstbestimmt leben, S. 68-79. Düsseldorf: verlag selbstbestimmtes leben 2014

Weitere Bücher aus der JA: UK! Praxisreihe von Nicol Goudarzi

120 S., kartoniert, zahlreiche farbige Abbildungen
ISBN: 978-3-86059-244-1

Basale Aktionsgeschichten - Rund ums Jahr

Erlebnisgeschichten für Menschen mit schwerer Behinderung

Im ersten Band unserer erfolgreichen Buchreihe geht es „Rund ums Jahr". Mit zwölf praxiserprobten „Basalen Aktionsgeschichten" aus dem Jahreskreis geht es auf Erlebnisreise. So entdecken wir z. B. mit Mia im Frühling die Blumen, schwitzen im Sommer mit Lotta im Freibad, gruseln uns im Herbst mit Jack vor Fledermäusen und sausen im Winter mit Tim auf dem Schlitten ins Tal.

Anschaulich wird beschrieben, wie die „Basalen Aktionsgeschichten" für Kinder und Jugendliche zum (Bildungs-)Erlebnis werden. Zunächst wird erläutert, welche Inhalte in der jeweiligen Geschichte stecken: z. B. „Farben und Formen", „Wetterphänomene" oder „Mein Körper". Detailliert wird dann die Vorbereitung der Aktionen dargestellt: Mit welchen Materialien wird die Geschichte sinnlich erlebbar gemacht? Brauche ich einen Ventilator für den „Wind"? Eine duftende Blume? Welcher Satz soll auf die „Sprechende Taste" aufgenommen werden? Und dann wird vorgelesen und erlebt: Übersichtlich ist in jeder Geschichte dargestellt, zu welchem Zeitpunkt welche Aktion ausgeführt wird.

Basale Aktionsgeschichten - Tiergeschichten für die Jüngsten

Erlebnisgeschichten für Kinder im Kita- und Vorschulalter mit und ohne Behinderung

Ob im Zoo, auf dem Bauernhof, im Wald, am Meer, im Dorf oder in der Stadt – überall erleben Tierkinder spannende Abenteuer und lustige Geschichten. Auch im dritten Band der Basalen Aktionsgeschichten werden Erzählungen und Bildungsinhalte multisensorisch erfahrbar gemacht und laden zum gemeinsamen Aktivwerden ein. Durch den bewährten Aufbau aus Wiederholungsbausteinen bieten sie vielfältige Möglichkeiten zur Förderung von Kommunikation, Wahrnehmung, Strukturierung und Handlungsplanung. Auch motorische Aktivierungsangebote finden Berücksichtigung. Die Visualisierung durch METACOM®-Symbole und Tierfotos bietet hilfreiche Orientierung. Wie gewohnt werden die Texte mit praktischen Materiallisten, Vorbereitungschecklisten, didaktischen Informationen und einer Ideenkiste mit weiteren Vertiefungsmöglichkeiten präsentiert. Zusätzlich mit Vorlesekarte für Audiostift und als Download in Einfacher Sprache mit Silbenschrift zur Verfügung.

ca. 120 S., kartoniert, zahlreiche farbige Abbildungen
ISBN: 978-3-86059-257-1

144 S., kartoniert, zahlreiche farbige Abbildungen
ISBN: 978-3-86059-252-6

Nicol Goudarzi

Das sensorische Sachenmachbuch

Wahrnehmungsunterstützte Spiel- und Lernideen

Dieses Buch bietet eine Vielzahl an Ideen und Impulse für Wahrnehmungsangebote im frühkindlichen und basalen Bereich. Das Besondere an den hier vorgestellten Angeboten ist, dass sie sich zusätzlich auf einen fachlichen Kontext beziehen und eine herausfordernde Lernsituation bereitstellen. Jedes Sensorikangebot wird durch einen Lerninhalt in Form von Aufgabenkarten, Arbeitsblättern oder Spielideen ergänzt. Zur Visualisierung werden hierbei die bewährten METACOM-Symbole genutzt. Mit diesen Ideen und Materialien kann man einer leistungsheterogenen Gruppe ein breites Spannungsfeld zwischen kognitiv-anspruchsvollen und basal-erlebbaren Aktionen bieten.

Außerdem werden zahlreiche Füllmaterialien für Sensorikwannen, Sensorikflaschen und Ähnlichem aufgezeigt, die mit wenig Aufwand vorbereitet werden können. Auch viele Rezepte zur eigenen Herstellung von Wahrnehmungsmaterialien sind zu finden.

von Loeper Literaturverlag
Daimlerstr. 23, 76185 Karlsruhe, Tel. (0721) 46 47 29 0, Fax (0721) 46 47 29 099
E-Mail: Info@vonLoeper.de, Internet: www.vonLoeper.de